Thorsten Blaufelder

Betriebsbedingte Kündigung

Fragen und Antworten

Mit Online-Quiz unter
www.bund-verlag.de/faq-quiz

Thorsten Blaufelder

Betriebsbedingte Kündigung

Gesetzliche Regelungen
Sozialauswahl
Mitbestimmung für Betriebs- und Personalräte

BUND
VERLAG

In diesem Buch wird eine geschlechtergerechte Sprache verwendet, die alle Menschen unabhängig von ihrer Geschlechtsidentität sichtbar machen soll. Wo immer möglich, verwenden wir neutrale Begriffe oder inklusive Formulierungen. Diese Schreibweise soll Frauen, Männer sowie nicht-binäre und intergeschlechtliche Personen gleichermaßen ansprechen.
Wir sind uns bewusst, dass Sprache nicht alle Lebensrealitäten vollständig abbilden kann. Unser Ziel ist es dennoch, durch eine bewusste Wortwahl ein Zeichen für Vielfalt und Gleichberechtigung zu setzen.

Bibliografische Informationen der Deutschen Nationalbibliothek
Die Deutsche Nationalbibliothek verzeichnet diese Publikation in der Deutschen Nationalbibliografie; detaillierte bibliografische Daten sind im Internet über *http://dnb.d-nb.de* abrufbar.

Umschlag: fsvk designbüro für visuelle kommunikation, Großostheim
Satz: Dörlemann Satz, Lemförde
Druck: Druckerei C. H. Beck, Berger Str. 3–5, 86720 Nördlingen

ISBN 978-3-7663-7521-6

kontakt@bund-verlag.de
www.bund-verlag.de

Inhaltsverzeichnis

Abkürzungsverzeichnis

AGG	Allgemeines Gleichbehandlungsgesetz
ArbGG	Arbeitsgerichtsgesetz
BBiG	Berufsbildungsgesetz
BDSG	Bundesdatenschutzgesetz
BEEG	Bundeselterngeld- und Elternzeitgesetz
BetrVG	Betriebsverfassungsgesetz
BGB	Bürgerliches Gesetzbuch
BPersVG	Bundespersonalvertretungsgesetz
BQG	Beschäftigungs- und Qualifizierungsgesellschaft
bzw.	beziehungsweise
d. h.	das heißt
ff.	folgende
GdB	Grad der Behinderung
ggf.	gegebenenfalls
GKG	Gerichtskostengesetz
GmbH	Gesellschaft mit beschränkter Haftung
HinSchG	Hinweisgeberschutzgesetz
i. V. m.	in Verbindung mit
InsO	Insolvenzordnung
JAV	Jugend- und Auszubildendenvertretung

KI	Künstliche Intelligenz
KSchG	Kündigungsschutzgesetz
MAV	Mitarbeitervertretung
MAVO/MVG	Mitarbeitervertretungsordnung/-gesetz
MuSchG	Mutterschutzgesetz
OHG	Offene Handelsgesellschaft
PKH	Prozesskostenhilfe
RVG	Rechtsanwaltsvergütungsgesetz
SBV	Schwerbehindertenvertretung
SGB	Sozialgesetzbuch
sog.	sogenannt
TVöD	Tarifvertrag für den öffentlichen Dienst
TzBfG	Teilzeit- und Befristungsgesetz
u. a.	unter anderem
usw.	und so weiter
vgl.	vergleiche
z. B.	zum Beispiel
ZPO	Zivilprozessordnung

Einleitung

Die Arbeitswelt befindet sich in einem tiefgreifenden Wandel. Wirtschaftliche Unsicherheiten, technologischer Fortschritt und globaler Wettbewerbsdruck zwingen Unternehmen, ihre Strukturen und Prozesse kontinuierlich anzupassen. In diesem dynamischen Umfeld sind Restrukturierungen, die Schließung von Abteilungen oder die Verlagerung von Standorten zu einem festen Bestandteil der unternehmerischen Realität geworden. Die direkte Folge ist häufig ein Personalabbau, bei dem die betriebsbedingte Kündigung das zentrale Instrument darstellt.

Für Arbeitnehmerinnen und Arbeitnehmer ist die betriebsbedingte Kündigung eine existenzielle Bedrohung, für Arbeitgeber ein notwendiges Mittel zur Sicherung der Wettbewerbsfähigkeit. Doch dieser Schritt ist an strenge rechtliche Hürden geknüpft. Das deutsche Kündigungsschutzrecht, allen voran das Kündigungsschutzgesetz, schiebt dem unternehmerischen Gestaltungsspielraum klare Grenzen vor. Eine betriebsbedingte Kündigung ist nur dann wirksam, wenn sie sozial gerechtfertigt ist – eine Anforderung, die in der Praxis mit zahlreichen formalen und inhaltlichen Stolpersteinen für den Arbeitgeber verbunden ist.

Nicht selten sind ausgesprochene Kündigungen fehlerhaft. Dies eröffnet der Arbeitnehmerseite eine Verhandlungsbasis, um entweder den Fortbestand des Arbeitsverhältnisses zu sichern oder die Beendigung zu fairen Konditionen, meist gegen Zahlung einer Abfindung, zu gestalten.

Diese Orientierungshilfe richtet sich an alle, die in ihrer Arbeit mit dem Thema der betriebsbedingten Kündigung konfrontiert sind: an Betriebs- und Personalräte, die die Rechte der Belegschaft wahren, an Personalverantwortliche, die Kündigungen rechtssicher vorbereiten und umsetzen müssen, sowie an jede Arbeitnehmerin und jeden Arbeitnehmer, die ihre eigenen Rechte kennen und verstehen wollen. Er bietet einen strukturier-

ten Überblick über die komplexen rechtlichen, strategischen und praktischen Aspekte. Dabei liegt der Fokus auf der konkreten Umsetzung: Welche Voraussetzungen müssen für eine betriebsbedingte Kündigung erfüllt sein? Was genau ist eine »unternehmerische Entscheidung« und wie wird sie gerichtlich überprüft? Wie funktioniert die Sozialauswahl korrekt und welche formalen Fehler machen eine Kündigung unwirksam?
Das Buch beantwortet diese und viele weitere Fragen klar und verständlich. Es dient als kompaktes Nachschlagewerk, um sich schnell das notwendige Wissen anzueignen und in einer herausfordernden Situation sicher und informiert handeln zu können.

A. Grundlagen

1. Was ist eine »betriebsbedingte Kündigung«?

Eine betriebsbedingte Kündigung liegt vor, wenn ein Arbeitgeber einem Arbeitnehmer kündigt, weil dessen Arbeitsplatz aus betrieblichen Gründen wegfällt. Gründe hierfür können z. B. eine Umstrukturierung, Rationalisierung oder die Schließung einer Abteilung sein. Der Arbeitgeber trifft dabei eine unternehmerische Entscheidung, durch welche der Beschäftigungsbedarf für einzelne Arbeitnehmer dauerhaft entfällt. Eine betriebsbedingte Kündigung ist nur rechtswirksam, wenn sie sozial gerechtfertigt ist. Allein »wirtschaftliche Gründe« berechtigen den Arbeitgeber nicht zum Ausspruch einer betriebsbedingten Kündigung. Vielmehr muss ein konkreter und nachvollziehbarer Wegfall des Arbeitsplatzes vorliegen.

2. Worin unterscheidet sich eine betriebsbedingte von einer personen- oder verhaltensbedingten Kündigung?

Kündigungen können aus drei unterschiedlichen Arten von Gründen ausgesprochen werden: betriebsbedingten, personenbedingten oder verhaltensbedingten. Bei einer **betriebsbedingten** Kündigung liegt der Grund im Betrieb selbst, etwa durch Automatisierung von Arbeitsabläufen, Umsatzrückgang oder Insolvenz. Es fehlt dauerhaft an Beschäftigungsmöglichkeiten für den Arbeitnehmer. Eine **personenbedingte** Kündigung liegt dagegen bei Umständen in der Person des Arbeitnehmers vor, z. B. einer langanhaltenden Krankheit oder fehlenden Eignung für die Tätigkeit. Die **verhaltensbedingte** Kündigung setzt ein schuldhaftes Fehlverhalten voraus, etwa wiederholtes Zuspätkommen, Arbeitsverweigerung oder Beleidigungen. Hier ist in der Regel vorher eine Abmahnung erforderlich. Für jede Kündigungsart gelten unterschiedliche Anforderungen. Daher sollte sorgfältig geprüft werden, auf welchen Grund sich der Arbeitgeber beruft.

3. Welche gesetzliche Grundlage gilt für betriebsbedingte Kündigungen und welche Rolle spielt das Kündigungsschutzgesetz (KSchG)?

Die wichtigste gesetzliche Grundlage für betriebsbedingte Kündigungen ist das KSchG. Es gilt, wenn das Arbeitsverhältnis länger als sechs Monate besteht (§ 1 Abs. 1 KSchG) und der Betrieb mehr als zehn Arbeitnehmer beschäftigt (§ 23 KSchG). Erst dann greift der allgemeine Kündigungsschutz, der den Arbeitgeber verpflichtet, die Kündigung sozial zu rechtfertigen. Das bedeutet konkret: Der Arbeitgeber muss nachweisen, dass dringende betriebliche Gründe vorliegen und er bei mehreren vergleichbaren Mitarbeitern eine Sozialauswahl getroffen hat. Fehlt eine dieser Voraussetzungen, ist die Kündigung unwirksam. In Kleinbetrieben mit zehn oder weniger Beschäftigten gilt das KSchG nicht. Dort können Arbeitgeber grundsätzlich ohne Angabe von Gründen kündigen; allerdings müssen sie die Kündigungsfristen einhalten und dürfen nicht willkürlich oder diskriminierend handeln. Daneben sind je nach Situation weitere Schutzvorschriften zu beachten, etwa das Betriebsverfassungsgesetz (BetrVG) für die Anhörung des Betriebsrats, das Sozialgesetzbuch IX (SGB IX) für schwerbehinderte Menschen oder das Mutterschutzgesetz (MuSchG) für Schwangere. Diese Sonderregelungen können einen zusätzlichen Schutz bieten oder besondere Verfahren vorschreiben.

4. Gilt das KSchG auch bei Kleinbetrieben?

Das KSchG gilt nicht in Kleinbetrieben mit zehn oder weniger regelmäßig beschäftigten Arbeitnehmern (§ 23 KSchG). In diesen Fällen ist der Arbeitgeber nicht verpflichtet, eine Kündigung sozial zu rechtfertigen.

Praxistipp:
Für Arbeitsverhältnisse, die bereits vor dem 1. Januar 2004 bestanden, gilt eine Übergangsregelung mit einem Schwellenwert von mehr als fünf Beschäftigten.

Bei der Ermittlung der Mitarbeiterzahl werden Teilzeitkräfte anteilig berücksichtigt:
- bis zu 20 Stunden/Woche: sie zählen mit 0,5;
- bis zu 30 Stunden/Woche: sie zählen mit 0,75;
- über 30 Stunden/Woche: sie zählen mit 1,0 (wie Vollzeitkräfte).

Auszubildende werden dabei nicht mitgezählt. Trotzdem sind Beschäftigte auch im Kleinbetrieb nicht schutzlos: Kündigungen dürfen nicht willkürlich, diskriminierend oder sittenwidrig sein. Das verbieten unter anderem das Allgemeine Gleichbehandlungsgesetz (AGG) und § 138 Bürgerliches Gesetzbuch (BGB).

5. Welche Voraussetzungen müssen für eine betriebsbedingte Kündigung vorliegen?

Damit eine betriebsbedingte Kündigung wirksam ist, müssen mehrere Voraussetzungen erfüllt sein. Diese ergeben sich aus § 1 Abs. 2 KSchG und der dazu entwickelten Rechtsprechung:
- dauerhafter Wegfall des Arbeitsplatzes: Die Beschäftigungsmöglichkeit darf nicht nur vorübergehend entfallen; der Wegfall muss voraussichtlich dauerhaft sein;
- keine Weiterbeschäftigungsmöglichkeit: Der Arbeitgeber muss prüfen, ob der Arbeitnehmer auf einem anderen freien vergleichbaren Arbeitsplatz im Betrieb oder Unternehmen weiterbeschäftigt werden kann;
- ordnungsgemäße Sozialauswahl: Unter vergleichbaren Arbeitnehmern muss der Arbeitgeber diejenigen auswählen, die sozial am wenigsten schutzwürdig sind. Dabei spielen Lebensalter, Betriebszugehörigkeit, Unterhaltspflichten und eine eventuelle Schwerbehinderung eine Rolle.

Wird auch nur eine dieser Voraussetzungen nicht erfüllt, gilt die Kündigung als sozial ungerechtfertigt. Das bedeutet gute Erfolgsaussichten für eine Kündigungsschutzklage.

6. Was ist ein »dringendes betriebliches Erfordernis«?

Ein »dringendes betriebliches Erfordernis« im Sinne des § 1 Abs. 2 KSchG liegt vor, wenn innerbetriebliche oder außerbetriebliche Gründe den Arbeitgeber dazu veranlassen, Personal abzubauen. Es muss eine nachvollziehbare Entscheidung vorliegen, die den Wegfall eines oder mehrerer Arbeitsplätze zur Folge hat.

Praxisbeispiele:
- Stilllegung von Betriebsteilen,
- Rationalisierungsmaßnahmen,
- Einführung neuer Technik,
- Outsourcing,
- Oder erheblicher Auftragsrückgang.

Die unternehmerische Entscheidung selbst – also etwa, eine Abteilung zu schließen – wird vom Arbeitsgericht nur eingeschränkt überprüft. Es prüft nicht, ob die Entscheidung zweckmäßig war, sondern nur, ob sie nicht willkürlich oder missbräuchlich war. Das Bestehen eines wirtschaftlichen Interesses reicht nicht. Der Arbeitgeber muss konkret darlegen, dass die Maßnahme den betreffenden Arbeitsplatz betrifft und keine Weiterbeschäftigungsmöglichkeit mehr besteht.

7. Was bedeutet »Wegfall des Arbeitsplatzes«?

Ein betriebsbedingter Kündigungsgrund liegt nur dann vor, wenn der konkrete Arbeitsplatz des Arbeitnehmers auch tatsächlich und dauerhaft wegfällt. Entscheidend ist hierfür, dass der Arbeitsplatz als organisatorische Einheit in der bisherigen Form nicht mehr existiert. Das bedeutet: Die Aufgaben, die der Arbeitnehmer bisher wahrgenommen hat, fallen komplett weg oder werden so grundlegend verändert, dass der bisherige Arbeitsplatz nicht mehr vorhanden ist. Ein bloßer Tätigkeitswechsel oder die Verlagerung einzelner Aufgaben reicht hingegen nicht aus.

Praxisbeispiel:
Wird eine komplette Buchhaltungsabteilung geschlossen und die Arbeit an ein externes Steuerbüro vergeben, fallen die Arbeitsplätze der Buchhalter weg. Werden aber nur einzelne Buchungsaufgaben automatisiert, während die Mitarbeiter andere Controlling-Aufgaben übernehmen sollen, liegt kein Wegfall vor.

Der Arbeitgeber muss im Streitfall konkret darlegen und beweisen, welche betrieblichen Maßnahmen zum Wegfall geführt haben. Dazu dienen beispielsweise neue Stellenpläne, Organigramme oder dokumentierte Geschäftsführungsbeschlüsse. Pauschale Behauptungen wie »Wir brauchen weniger Personal« genügen nicht. Es muss nachvollziehbar sein, warum gerade dieser spezielle Arbeitsplatz entfällt, und die Arbeit nicht mehr anfällt.

8. Reicht ein Umsatzrückgang für eine betriebsbedingte Kündigung aus?

Ein bloßer Umsatzrückgang allein rechtfertigt noch keine betriebsbedingte Kündigung. Wirtschaftliche Schwierigkeiten sind dann nur der Anlass, nicht aber der rechtliche Grund für eine Kündigung. Der Arbeitgeber muss dann vielmehr eine dreistufige Kausalkette nachweisen: Erstens den Umsatzrückgang, zweitens eine darauf basierende konkrete unternehmerische Entscheidung, und drittens den dadurch bedingten dauerhaften Wegfall eines Arbeitsplatzes.

Praxisbeispiel:
Ein Möbelhaus verzeichnet 30 % Umsatzrückgang. Das allein reicht nicht für eine betriebsbedingte Kündigung. Der Arbeitgeber muss daraufhin eine konkrete Maßnahme ergreifen und umsetzen, z. B. die Schließung der Küchenabteilung. Erst dadurch entfallen die Arbeitsplätze der dort beschäftigten Verkäufer dauerhaft. Es reicht hierfür nicht aus, dass der Arbeitsgeber abwartet und hofft, dass sich die Lage bessert.

Ein vorübergehender Umsatzeinbruch – etwa durch saisonale Schwankungen oder eine kurzfristige Krise – rechtfertigt also keine Kündigung. Der Arbeitgeber muss nachvollziehbar darlegen können, dass der Arbeitsplatz tatsächlich nicht mehr benötigt wird. Zudem muss er prüfen, ob der betroffene Arbeitnehmer auf einem anderen freien Arbeitsplatz im Unternehmen weiterbeschäftigt werden kann, und eine ordnungsgemäße Sozialauswahl durchgeführt wurde. Vorsorgliche Kündigungen sind unzulässig. Der Arbeitgeber darf nicht »auf Verdacht« kündigen, weil er einen weiteren Umsatzrückgang befürchtet. Er muss im Streitfall konkret belegen, welche organisatorische Maßnahme er aufgrund des Umsatzrückgangs getroffen hat und warum dadurch der spezielle Arbeitsplatz weggefallen ist.

9. Welche Rolle spielt der Arbeitgeberwille bei der Betriebsentscheidung?

Die Entscheidung, einen Arbeitsplatz abzubauen, beruht auf dem unternehmerischen Gestaltungsspielraum des Arbeitgebers. Er darf grundsätzlich frei entscheiden, wie er seinen Betrieb organisiert – ob er Stellen streicht, Arbeitsabläufe digitalisiert oder ganze Bereiche auslagert. Diese unternehmerische Freiheit ist verfassungsrechtlich geschützt. Das Arbeitsgericht überprüft die unternehmerische Entscheidung nur eingeschränkt. Es fragt nicht, ob die Entscheidung wirtschaftlich sinnvoll oder optimal ist. Geprüft wird lediglich, ob die Entscheidung auf Willkür beruht, eine reine Scheinmaßnahme darstellt oder rechtsmissbräuchlich war.

> **Praxisbeispiel:**
> Ein Unternehmen entscheidet, seine hauseigene Kantine zu schließen und stattdessen Essensmarken auszugeben. Diese Entscheidung muss das Arbeitsgericht akzeptieren, auch wenn die Kantine profitabel war. Nicht akzeptabel wäre es jedoch, wenn die »geschlossene« Kantine unter neuem Namen mit denselben Mitarbeitern als Scheinselbstständigen weiterbetrieben wird.

Entscheidend ist die tatsächliche Umsetzung: Der Arbeitgeber muss nachweisen, dass die angekündigte Maßnahme real durchgeführt wurde und zum Wegfall des konkreten Arbeitsplatzes geführt hat. Eine bloße Ankündigung oder ein Beschluss auf dem Papier genügt nicht. Es müssen konkrete betriebliche Auswirkungen sichtbar und nachweisbar sein.

> **Praxistipp:**
> Betriebs- und Personalräte sollten kritisch prüfen, ob angekündigte Umstrukturierungen tatsächlich umgesetzt werden. Manchmal existiert der angeblich weggefallene Arbeitsplatz in Wahrheit weiter, nur unter neuer Bezeichnung oder mit leicht veränderten Aufgaben. In solchen Fällen liegt kein echter Wegfall vor.

10. Was ist der Unterschied zwischen »Betrieb«, »Unternehmen« und »Konzern« im kündigungsschutzrechtlichen Sinne?

Diese drei Begriffe werden oft synonym verwendet, haben im Arbeitsrecht jedoch unterschiedliche Bedeutungen, die für den Kündigungsschutz entscheidend sind:

- **Betrieb:** Der Betrieb ist die konkrete organisatorische Einheit, in der gearbeitet wird – etwa eine Fabrik, Filiale oder Niederlassung. Hier wird der Betriebsrat gewählt. Die Sozialauswahl bei Kündigungen erfolgt nur zwischen Arbeitnehmern desselben Betriebs. Mitarbeiter anderer Standorte bleiben außen vor.
- **Unternehmen:** Das Unternehmen ist der Arbeitgeber als rechtliche Einheit (GmbH, OHG, AG, etc.). Es kann mehrere Betriebe haben. Wichtig: Der Arbeitgeber muss vor einer Kündigung prüfen, ob eine Weiterbeschäftigung in einem seiner anderen Betriebe möglich ist; diese Prüfpflicht gilt unternehmensweit.
- **Konzern:** Ein Konzern besteht aus mehreren rechtlich selbstständigen Unternehmen unter einheitlicher Leitung. Grundsätzlich muss nicht geprüft werden, ob in Schwester- oder Muttergesellschaften freie Stellen existieren. Ausnahmen von diesem Grundsatz bestehen, wenn der Arbeitsvertrag eine Konzernversetzungsklausel enthält, eine Praxis konzernweiter Versetzungen besteht oder die Unternehmen so verflochten sind, dass sie faktisch als ein Arbeitgeber agieren.

Diese Unterscheidung ist praxisrelevant: Sie bestimmt, wo die Sozialauswahl stattfindet und wie weit die Pflicht zur Prüfung von Weiterbeschäftigungsmöglichkeiten geht.

11. Wird eine betriebsbedingte Kündigung immer als ordentliche Kündigung ausgesprochen?

In der Praxis fast immer. Betriebsbedingte Kündigungen erfolgen dort in der Regel als ordentliche Kündigung, also unter Einhaltung der gesetzlichen, tariflichen oder vertraglichen Kündigungsfrist. Eine außerordentliche betriebsbedingte Kündigung ist nur in seltenen Ausnahmefällen möglich. Diese betrifft vor allem Arbeitnehmer, die eigentlich ordentlich unkündbar sind (nach 15 Jahren Betriebszugehörigkeit und einem Lebensalter von 40 Jahren im öffentlichen Dienst (TVöD)). Hier kann der Arbeitgeber ausnahmsweise außerordentlich mit sozialer Auslauffrist kündigen. Das bedeutet: Die Kündigung erfolgt formal als außerordentliche Kündigung, das Arbeitsverhältnis läuft aber noch so lange weiter, wie die ordentliche Kündigungsfrist gedauert hätte. Diese Konstruktion ermöglicht es, auch eigentlich unkündbare Arbeitnehmer aus schwerwiegenden betrieblichen Gründen, wie etwa einer Betriebsschließung, zu entlassen. Die Hürden hierfür sind jedoch sehr hoch. Die betrieblichen Gründe müssen so gewichtig sein, dass dem Arbeitgeber die Weiterbeschäftigung bis zum nächsten ordentlichen Beendigungstermin nicht zugemutet werden kann.

> **Praxistipp:**
> Betriebs- und Personalräte sollten bei derartigen Kündigungen besonders genau prüfen, ob die strengen Voraussetzungen tatsächlich erfüllt sind.

12. Welche Frist gilt bei einer ordentlichen betriebsbedingten Kündigung?

Bei einer ordentlichen betriebsbedingten Kündigung gelten grundsätzlich die gesetzlichen Kündigungsfristen nach § 622 BGB – es sei denn, ein Tarifvertrag oder der Arbeitsvertrag sehen etwas anderes vor. Die gesetzliche Grundkündigungsfrist beträgt vier Wochen zum 15. oder zum Monatsende. Für Arbeitgeberkündigungen verlängert sich diese Frist je nach Betriebszugehörigkeit:

- ab 2 Jahren: 1 Monat zum Monatsende;
- ab 5 Jahren: 2 Monate zum Monatsende;
- ab 8 Jahren: 3 Monate zum Monatsende;
- ab 10 Jahren: 4 Monate zum Monatsende;
- ab 12 Jahren: 5 Monate zum Monatsende;
- ab 15 Jahren: 6 Monate zum Monatsende;
- ab 20 Jahren: 7 Monate zum Monatsende.

Diese verlängerten Fristen gelten nur für Arbeitgeberkündigungen. Arbeitnehmer können weiterhin mit der Grundfrist von vier Wochen kündigen, sofern vertraglich nichts anderes vereinbart ist.

> **Praxistipp:**
> In vielen Branchen gelten abweichende Regelungen. Im öffentlichen Dienst (TVöD) oder in der Metall- und Elektroindustrie können die Fristen kürzer oder länger sein. Auch für die Probezeit gelten oft besondere Fristen. Es ist wichtig zu prüfen, ob ein Tarifvertrag Anwendung findet.

13. Kann während der Probezeit eine betriebsbedingte Kündigung ausgesprochen werden?

Während der Probezeit kann der Arbeitgeber betriebsbedingt kündigen, und zwar besonders einfach. In den ersten sechs Monaten – für diesen Zeitraum wird meistens eine Probezeit vereinbart – greift das KSchG noch nicht. Der Arbeitgeber muss keine betrieblichen Gründe nachweisen und keine Sozialauswahl durchführen. Er kann das Arbeitsverhältnis ohne Angabe von Gründen beenden, solange er die Kündigungsfrist einhält und nicht diskriminiert. Die Kündigungsfrist beträgt in einer vereinbarten Probezeit nur zwei Wochen zu jedem beliebigen Tag. Ohne ausdrückliche Probezeitvereinbarung gilt die reguläre Grundkündigungsfrist von vier Wochen zum Fünfzehnten oder zum Monatsende.

> **Praxistipp:**
> Besondere Schutzvorschriften gelten auch in der Probezeit. Schwangere etwa können vom ersten Tag an nur mit behördlicher Zustimmung gekündigt werden, was in der Praxis ziemlich schwierig ist. Der Sonderkündigungsschutz für Schwerbehinderte allerdings gilt erst nach sechs Monaten.

14. Was sind die rechtlichen Folgen, wenn der Arbeitgeber eine zu kurze Kündigungsfrist im Kündigungsschreiben angibt?

Im Regelfall gehen die Gerichte davon aus, dass der Arbeitgeber das Arbeitsverhältnis grundsätzlich beenden will und sich lediglich bei der Frist geirrt hat. Die Kündigung wird dann so ausgelegt, dass sie automatisch zum richtigen, nächstzulässigen Termin wirksam wird. Eine Kündigungsschutzklage innerhalb der Drei-Wochen-Frist des § 4 KSchG ist zur Korrektur des Datums nicht erforderlich. Der Arbeitnehmer kann seinen Lohnanspruch für die korrekte, längere Frist auch nach Ablauf der Klagefrist geltend machen. Die Notwendigkeit einer Klage binnen drei Wochen besteht nur im seltenen Ausnahmefall: nämlich dann, wenn der Arbeitgeber unmissverständlich zum Ausdruck bringt, dass er das Arbeitsverhältnis ausschließlich zu dem genannten (falschen) Datum beenden will. In diesem Fall wird der Termin zum »integralen Bestandteil« der Erklärung, eine Auslegung ist nicht möglich. Versäumt der Arbeitnehmer hier die Klagefrist, gilt die Kündigung tatsächlich zum früheren Zeitpunkt als wirksam (§ 7 KSchG), und der Lohnanspruch für die Differenzzeit geht verloren.

> **Praxistipp:**
> Arbeitgeber werden zur Risikominimierung ihre Kündigungen stets mit der Formulierung »hilfsweise zum nächstzulässigen Termin« versehen. Dies stellt klar, dass die Kündigung auch bei einem Berechnungsfehler wirksam sein soll und verhindert Rechtsstreitigkeiten über den Beendigungszeitpunkt.

15. Welche Formvorgaben muss eine betriebsbedingte Kündigung erfüllen?

Eine Kündigung muss zwingend schriftlich erfolgen (§ 623 BGB). Die Kündigung ist nur wirksam, wenn sie auf Papier mit Originalunterschrift vorliegt. Eine Kündigung per E-Mail, WhatsApp, SMS, Fax oder mündlich ist unwirksam, selbst wenn der Arbeitnehmer sie zur Kenntnis nimmt. Die schriftliche Kündigung muss dem Arbeitnehmer auch tatsächlich zugehen, also in seinen Machtbereich gelangen. Der Zugang erfolgt typischerweise durch persönliche Übergabe, Einwurf in den Hausbriefkasten oder Übergabe an Familienangehörige in der Wohnung. Ab diesem Zeitpunkt beginnen wichtige Fristen zu laufen, insbesondere die dreiwöchige Klagefrist. Das Kündigungsschreiben selbst muss keine Begründung enthalten. Eine einfache Erklärung wie »Hiermit kündigen wir das Arbeitsverhältnis fristgerecht zum…« genügt. Ausnahmen gelten nur bei besonderen Arbeitsverhältnissen – etwa bei Schwangeren, in der Ausbildung, oder wenn der Tarifvertrag eine Begründungspflicht vorsieht.

16. Welche Rolle spielen die Regelungen im individuellen Arbeitsvertrag (z. B. Tätigkeitsbeschreibung, Versetzungsklausel) für die Kündigung?

Die Regelungen im Arbeitsvertrag spielen bei betriebsbedingten Kündigungen eine zentrale Rolle. Dabei sind zwei Punkte sind besonders wichtig:

- Die **Tätigkeitsbeschreibung** bestimmt, welcher »Arbeitsplatz« wegfallen muss, damit gekündigt werden kann. Je enger die Beschreibung, desto kleiner der Kreis vergleichbarer Kollegen bei der Sozialauswahl.

> **Praxisbeispiel:**
> Steht im Vertrag »Sachbearbeiter Einkauf Büromaterial«, sind nur andere Sachbearbeiter für Büromaterial vergleichbar. Steht nur »Sachbearbeiter« im Vertrag, müssen alle Sachbearbeiter in die Sozialauswahl einbezogen werden.

- **Versetzungsklauseln** erweitern die Möglichkeiten des Arbeitgebers, Arbeitnehmer an anderer Stelle einzusetzen. Dies hat zwei Folgen:

Enthält der Vertrag eine Klausel wie »Der Arbeitnehmer kann auch an anderen Standorten eingesetzt werden«, muss der Arbeitgeber vor der Kündigung alle Standorte auf freie Stellen prüfen. Findet er eine passende Stelle und nimmt keine Versetzung vor, ist die Kündigung unwirksam.

> **Praxistipp:**
> Bei Kündigungen sollte immer der Arbeitsvertrag genau geprüft werden. Eine weite Tätigkeitsbeschreibung oder Versetzungsklausel kann im Kündigungsfall schützen, da der Arbeitgeber mehr Weiterbeschäftigungsmöglichkeiten zu prüfen hat.

B. Kündigungsgründe im Detail

17. Was ist eine »unternehmerische Entscheidung« im Sinne der Kündigungsprüfung?

Eine »unternehmerische Entscheidung« ist jede Entscheidung des Arbeitgebers, die die Organisation oder den Personalbedarf des Betriebs verändert. Typische Beispiele sind die Schließung einer Abteilung, die Umstellung auf digitale Prozesse, das Outsourcing von Aufgaben oder die Zusammenlegung von Standorten. Der Arbeitgeber genießt dabei einen weiten Gestaltungsspielraum. Die Entscheidung muss nicht wirtschaftlich zwingend oder optimal sein. Er kann frei entscheiden, wie er seinen Betrieb organisiert, auch wenn Außenstehende die Maßnahme für unsinnig halten. Das Arbeitsgericht überprüft allerdings, ob die Entscheidung tatsächlich existiert und umgesetzt wurde. Es fragt nicht: »War die Entscheidung klug?«, sondern: »Gibt es sie wirklich und wurde sie durchgeführt?« Die Entscheidung muss dokumentiert sein, und konkret zum Wegfall von Arbeitsplätzen führen. Eine bloße Absichtserklärung oder Planung genügen nicht.

> **Praxistipp:**
> Betriebs-/Personalräte sollten sich nicht mit Ankündigungen abspeisen lassen, sondern konkret nachfragen: Welche Maßnahmen wurden bereits umgesetzt? Gibt es Beschlüsse, neue Organigramme oder geänderte Stellenpläne? Nur eine real durchgeführte Entscheidung kann eine Kündigung rechtfertigen.

18. Wie wird die bloße Umverteilung von Aufgaben auf verbleibende Mitarbeiter kündigungsrechtlich bewertet?

Die Umverteilung von Aufgaben auf verbleibende Mitarbeiter ist eine anerkannte unternehmerische Entscheidung, die eine betriebsbedingte Kündigung rechtfertigen kann. Der Arbeitgeber darf grundsätzlich frei entscheiden, mit wieviel Personal er die anfallende Arbeit erledigen will. Allerdings muss er im Kündigungsschutzprozess konkret nachweisen, dass der Arbeitsplatz tatsächlich weggefallen ist. Dazu gehört die Beantwortung folgender Fragen:

- Welche konkreten Aufgaben entfallen oder werden umverteilt?
- Welche Mitarbeiter übernehmen welche Tätigkeiten?
- In welchem zeitlichen Umfang geschieht dies?

Eine pauschale Behauptung wie »Die Arbeit wird jetzt von den anderen miterledigt.« reicht nicht aus. Der entscheidende Prüfungspunkt für Arbeitsgerichte ist: Können die verbleibenden Mitarbeiter die zusätzliche Arbeit überhaupt in ihrer regulären Arbeitszeit schaffen? Wenn die Umverteilung nur durch dauerhafte Überstunden funktioniert, ist das ein starkes Indiz dafür, dass der Arbeitsplatz in Wahrheit nicht entbehrlich ist.

> **Praxisbeispiel:**
> Eine Sachbearbeiterstelle wird gestrichen, die Aufgaben auf drei Kollegen verteilt. Machen diese seitdem regelmäßig Überstunden, zweifelt das Arbeitsgericht zu Recht daran, ob wirklich eine Stelle eingespart werden konnte. Eine Organisationsentscheidung, welche nur durch Verstoß gegen das Arbeitszeitgesetz funktioniert, kann keine Kündigung tragen.

19. Kann die Einführung neuer Software eine Kündigung rechtfertigen?

Die bloße Einführung neuer Software rechtfertigt nicht automatisch eine betriebsbedingte Kündigung. Entscheidend ist, ob durch die Digitalisierung tatsächlich Arbeitsplätze dauerhaft wegfallen. Eine Kündigung kann gerechtfertigt sein, wenn die Software komplette Tätigkeitsbereiche überflüssig macht.

> **Praxisbeispiel:**
> Eine KI-Software übernimmt die vollständige Rechnungsprüfung, ein Chatbot ersetzt den Kundenservice oder eine Texterkennungssoftware macht die manuelle Dateneingabe komplett überflüssig.

Werden Aufgaben nur reduziert oder verändert, liegt kein Kündigungsgrund vor. Die bisherige Tätigkeit muss vollständig entfallen. Und selbst dann muss der Arbeitgeber weitere Hürden nehmen:

- die konkrete Darlegung, welche Aufgaben die Software übernimmt;
- die Prüfung von Weiterbeschäftigungsmöglichkeiten im gesamten Unternehmen;
- und die ordnungsgemäße Sozialauswahl unter vergleichbaren Mitarbeitern.

Nicht ausreichend sind pauschale Begründungen wie »Digitalisierung«, »Modernisierung« oder »Effizienzsteigerung«. Der Arbeitgeber muss detailliert nachweisen: Diese konkreten Aufgaben, die Frau XY bisher 40 Stunden pro Woche wahrgenommen hat, übernimmt ab sofort vollständig die Software Z.

> **Praxistipp:**
> Betriebs- und Personalräte sollten hinterfragen, ob wirklich alle Aufgaben wegfallen, oder ob nicht doch Resttätigkeiten bleiben, die eine Weiterbeschäftigung ermöglichen würden.

20. Sind Outsourcing-Maßnahmen ein zulässiger Grund?

Outsourcing kann ein zulässiger Grund für eine betriebsbedingte Kündigung sein, allerdings nur unter strengen Voraussetzungen. Entscheidend ist, dass die Aufgaben tatsächlich und dauerhaft an einen externen Dienstleister übertragen werden.

> **Praxisbeispiel:**
> Ein Unternehmen lagert seine IT-Abteilung an einen externen IT-Dienstleister aus. Die Kündigung der IT-Mitarbeiter kann gerechtfertigt sein, wenn der externe Dienstleister die Aufgaben vollständig übernimmt.

Nicht ausreichend ist:

- Die bloße Absicht oder Planung eines Outsourcings.
- Ein Schein-Outsourcing, bei dem dieselben Mitarbeiter als Scheinselbstständige oder Leiharbeiter dieselbe Arbeit am selben Ort fortführen.
- Die formale Ausgliederung ohne echten Wechsel der Verantwortung.

Wie bei jeder betriebsbedingten Kündigung muss der Arbeitgeber prüfen, ob eine Weiterbeschäftigung auf anderen Positionen möglich ist, und eine ordnungsgemäße Sozialauswahl durchführen.

> **Praxistipp:**
> Betriebsräte sollten sich folgende Fragen stellen: Werden die ausgelagerten Tätigkeiten weiterhin in den Betriebsräumen erledigt, nur jetzt durch »externe« Kräfte? Sitzen die angeblich externen Mitarbeiter weiter an denselben Schreibtischen? Das deutet auf ein Schein-Outsourcing hin, das keine Kündigung rechtfertigt. Echtes Outsourcing bedeutet: Die Arbeit findet woanders statt, unter fremder Leitung und Verantwortung.

21. Kann eine Kündigung auch auf »Insourcing«, also die Rückholung zuvor fremdvergebener Aufgaben, gestützt werden?

Auch Insourcing – also die Rückholung zuvor ausgelagerter Aufgaben – kann eine betriebsbedingte Kündigung rechtfertigen. Der Arbeitgeber darf frei entscheiden, ob er Tätigkeiten wieder selbst erledigen möchte, statt sie extern zu vergeben. Die Begründung einer Kündigung ist hier allerdings schwieriger als beim Outsourcing. Der scheinbare Widerspruch: Einerseits holt der Arbeitgeber Arbeit zurück ins Haus, andererseits will er dafür Mitarbeiter entlassen.

> **Praxisbeispiel:**
> Ein Unternehmen hat bisher seine Lohnbuchhaltung extern erledigen lassen und beschließt nun, diese wieder intern durchzuführen. Gleichzeitig sollen Sachbearbeiter aus der Personalabteilung entlassen werden. Die Kündigung ist nur wirksam, wenn der Arbeitgeber nachweist:
> - die zurückgeholte Lohnbuchhaltung erfordert spezielle Kenntnisse (z. B. SAP-Expertenwissen),
> - die bisherigen Sachbearbeiter verfügen nicht über diese Qualifikation,
> - und eine Umschulung wäre unverhältnismäßig aufwendig oder aussichtslos.

Könnte ein entlassener Sachbearbeiter hingegen nach kurzer Einarbeitung die neuen Aufgaben übernehmen, hätte eine Weiterbeschäftigungsmöglichkeit bestanden. Die Kündigung wäre dann unwirksam.

> **Praxistipp:**
> Insourcing rechtfertigt nur dann eine Kündigung, wenn die zurückgeholten und die wegfallenden Tätigkeiten so unterschiedlich sind, dass die betroffenen Mitarbeiter sie nicht ausüben können.

22. Welche Rolle spielen wirtschaftliche Schwierigkeiten?

Wirtschaftliche Schwierigkeiten wie Umsatzrückgänge, gestiegene Kosten oder Auftragsmangel sind häufig der Anlass für betriebsbedingte Kündigungen. Sie allein rechtfertigen aber noch keine Kündigung.
Der entscheidende Unterschied: Wirtschaftliche Probleme sind nur der Auslöser. Der Arbeitgeber muss darauf mit einer konkreten organisatorischen Maßnahme reagieren, die zum Wegfall von Arbeitsplätzen führt.

> **Praxisbeispiel:**
> Ein Möbelhersteller verzeichnet 40 % Umsatzrückgang wegen gestiegener Rohstoffpreise. Das allein ist kein Kündigungsgrund. Erst wenn er deshalb die Polstermöbel-Produktion einstellt und diese Abteilung schließt, entfallen konkrete Arbeitsplätze. Die Kündigung der Polsterer kann dann gerechtfertigt sein.

Nicht ausreichend wären hingegen:
- »Wir müssen sparen.« ohne konkrete Maßnahme;
- »Die Lage ist schwierig.« ohne organisatorische Konsequenz;
- »Effizienzsteigerung« ohne erkennbare Umsetzung.

Das Arbeitsgericht prüft nicht, ob die wirtschaftlichen Probleme real sind oder die gewählte Lösung optimal ist. Es kontrolliert nur: Wurde tatsächlich eine Maßnahme ergriffen? Führt sie wirklich zum Wegfall der Arbeitsplätze? Die Maßnahme muss zur behaupteten wirtschaftlichen Situation passen – wer Verluste beklagt, aber gleichzeitig neue Bereiche aufbaut, macht sich unglaubwürdig.

23. Wie ist die Rechtslage bei einer Betriebsstilllegung?

Die vollständige Betriebsstilllegung ist ein klassischer Grund für betriebsbedingte Kündigungen. Wenn der Betrieb komplett und dauerhaft geschlossen wird, fallen alle Arbeitsplätze weg. Der Arbeitgeber beendet sämtliche Arbeitsverhältnisse. Wichtig ist, dass es sich um eine endgültige Schließung handeln muss. Eine vorübergehende Betriebspause, etwa wegen Auftragsmangel oder Renovierung, reicht nicht aus. Die Stilllegungsentscheidung muss bereits getroffen sein, wenn die Kündigungen ausgesprochen werden. Die Ernsthaftigkeit zeigt sich durch konkrete Schritte:

- Kündigung oder Auslaufen des Mietvertrags,
- Verkauf oder Verschrottung der Maschinen,
- Abmeldung des Gewerbes,
- Information von Kunden über die Schließung,
- oder Räumung der Betriebsstätte.

Eine bloße Ankündigung (»Wir machen Ende des Jahres zu.«) genügt nicht. Die Stilllegung muss erkennbar eingeleitet sein. Bei einer kompletten Betriebsstilllegung entfällt meist die Sozialauswahl. Wenn alle Arbeitsplätze wegfallen, gibt es keine vergleichbaren Arbeitnehmer mehr, zwischen denen ausgewählt werden könnte.

> **Praxistipp:**
> Besonderheiten ergeben sich bei Konzernen. Gibt es Schwesterunternehmen, muss trotzdem geprüft werden, ob dort eine Weiterbeschäftigung aus rechtlichen und tatsächlichen Gründen möglich wäre.

24. Gilt eine Betriebsänderung als Kündigungsgrund?

Eine Betriebsänderung im Sinne des § 111 BetrVG – etwa eine Umstrukturierung, ein Personalabbau, eine Verlagerung oder Stilllegung – ist kein automatischer Kündigungsgrund. Sie kann aber der Anlass sein, wenn dadurch konkrete Arbeitsplätze entfallen.

> **Praxisbeispiel:**
> Ein Unternehmen verlagert die Produktion ins Ausland. Das ist eine Betriebsänderung. Die Kündigung der Produktionsmitarbeiter ist aber nur wirksam, wenn der Arbeitgeber nachweist, dass deren Arbeitsplätze dadurch tatsächlich und dauerhaft entfallen.

Bei Betriebsänderungen hat der Betriebsrat weitreichende Beteiligungsrechte:

- an Information und Beratung: der Arbeitgeber muss den Betriebsrat frühzeitig und umfassend informieren;
- am Interessenausgleich: beide Seiten verhandeln, ob und wie die Änderung durchgeführt wird;
- am Sozialplan: Mitwirkung an der Regelung der finanziellen Abfederung für betroffene Mitarbeiter (z. B. Abfindungen, Umschulungen);
- bei mehr als 100 Beschäftigten: zusätzlich ist der Wirtschaftsausschuss einzubeziehen (§ 106 BetrVG);
- bei Massenentlassungen: spezielles Konsultationsverfahren mit dem Betriebsrat erforderlich (§ 17 Abs. 2 KSchG).

Verstößt der Arbeitgeber gegen diese Beteiligungspflichten, können die Kündigungen unwirksam sein. Betriebsräte sollten daher genau prüfen, ob alle Verfahren eingehalten wurden; das ist oft eine wirksame Verteidigungslinie gegen überstürzte Kündigungen.

25. Kann auch ein Teilbetrieb stillgelegt werden?

Auch einzelne Betriebsteile können stillgelegt werden. Eine Teilstilllegung bedeutet, dass ein abgrenzbarer Bereich dauerhaft geschlossen wird, während der Rest des Betriebs weiterläuft. Typische Beispiele sind die:

- Schließung einer Filiale bei mehreren Standorten,
- Einstellung einer Produktionslinie (z. B. nur noch Pkw, keine Lkw mehr),
- Auflösung einer kompletten Abteilung (z. B. der hauseigenen Druckerei),
- oder Stilllegung einer Schicht (z. B. Wegfall der Nachtschicht).

Für die betroffenen Mitarbeiter können betriebsbedingte Kündigungen ausgesprochen werden. Der Arbeitgeber muss nachweisen, dass die Entscheidung endgültig ist und umgesetzt wird. Wichtig ist die Unterscheidung zur Komplettschließung. Da der Betrieb teilweise weiterläuft, muss intensiv geprüft werden:

- Gibt es freie Stellen in anderen Betriebsteilen?
- Können Betroffene dort eingesetzt werden?
- Wer ist bei der Sozialauswahl mit wem vergleichbar?

Praxisbeispiel:
Wird die Kantine geschlossen, muss geprüft werden, ob die Köche nicht in der Produktion angelernt werden können. Die Sozialauswahl erfolgt aber nur unter Kantinenmitarbeitern, nicht auch unter Produktionsarbeitern.

Der Betriebsrat hat die gleichen Beteiligungsrechte wie bei anderen Betriebsänderungen: Information und Beratung, eventuell Interessenausgleich und Sozialplan.

26. Reicht eine Rationalisierungsmaßnahme für eine betriebsbedingte Kündigung?

Eine Rationalisierungsmaßnahme kann zu betriebsbedingten Kündigungen führen, aber tut dies nicht automatisch. Die Maßnahme muss konkret dazu führen, dass bestimmte Arbeitsplätze dauerhaft wegfallen. Kurz gesagt ist eine Rationalisierungsmaßnahme eine effizientere Gestaltung von Arbeitsabläufen, um Zeit, Geld oder Personal zu sparen. Beispiele für Rationalisierungsmaßnahmen, die eine Kündigung rechtfertigen können, sind die:

- Einführung einer Maschine, die Arbeit übernimmt, die bisher manuell erfolgte (ein Schweißroboter ersetzt drei Schweißer),
- Zusammenlegung von Abteilungen (aus zwei Buchhaltungen wird eine),
- Digitalisierung von Prozessen (Bestellungen nur noch online statt telefonisch).

27. Was ist bei einer Standortverlagerung zu beachten?

Bei einer Standortverlagerung entfallen die Arbeitsplätze am bisherigen Ort. Wie der Arbeitgeber bei einer Standortverlagerung vorgehen muss, hängt vom Arbeitsvertrag ab:

- **Mit Versetzungsklausel:** Enthält der Vertrag eine Regelung wie »Einsatz auch an anderen Standorten möglich.«, kann der Arbeitgeber die Versetzung anordnen. Eine Kündigung ist nicht erforderlich; der Mitarbeiter muss am neuen Ort arbeiten.

Fester Arbeitsort ohne Versetzungsklausel: Bei einem festen Arbeitsort des Arbeitnehmers ohne Versetzungsklausel im Arbeitsvertrag muss der Arbeitgeber eine Änderungskündigung aussprechen. Der Arbeitgeber muss also das bestehende Arbeitsverhältnis kündigen und gleichzeitig die Fortsetzung am neuen Standort anbieten. Der Arbeitnehmer hat daraufhin drei Optionen:

- Annahme: Umzug an den neuen Standort;
- Ablehnung: Ausscheiden nach Ablauf der Kündigungsfrist;
- oder Annahme unter Vorbehalt: Weiterarbeit, aber Klage gegen die Änderung.

> **Praxisbeispiel:**
> Ein Werk wird von Stuttgart nach Hamburg verlagert. Mitarbeiter mit dem Arbeitsort »Stuttgart« ohne Versetzungsklausel können nicht gezwungen werden mitzugehen. Sie erhalten eine Änderungskündigung.

Bei größeren Verlagerungen handelt es sich meist um eine Betriebsänderung. Der Betriebsrat muss frühzeitig eingebunden werden und kann über Abfederungsmaßnahmen verhandeln, beispielsweise über:

- Umzugskostenpauschalen,
- übergangsweise Fahrkostenerstattung,
- Abfindungen für Nichtwechsler,
- oder Unterstützung bei der Wohnungssuche.

Diese Abfederungsmaßnahmen werden in einem Sozialplan (§ 112 BetrVG) festgeschrieben.

28. Wie wird der Wegfall einer Hierarchieebene beurteilt?

Der Wegfall einer Hierarchieebene kann eine betriebsbedingte Kündigung rechtfertigen, wenn dadurch konkrete Führungspositionen überflüssig werden.

> **Praxisbeispiel:**
> Ein Unternehmen schafft die Teamleiter-Ebene ab. Bisher: gab es einen Abteilungsleiter, 5 Teamleiter und 50 Mitarbeiter. Neu sind nunmehr ein Abteilungsleiter und 50 Mitarbeiter. Die fünf Teamleiterstellen entfallen.

Das Arbeitsgericht prüft immer kritisch die folgenden Fragen:
- Entfallen wirklich Führungsaufgaben oder nur die Titel?
- Wer übernimmt die bisherigen Leitungsaufgaben?
- Wurde die neue Struktur tatsächlich umgesetzt?

Warnsignale für Scheinmaßnahmen können sein:
- Der Ex-Teamleiter macht genau dasselbe wie vorher, heißt nun aber »Senior-Mitarbeiter«.
- Die Führungsaufgaben werden 1:1 auf einen anderen Mitarbeiter übertragen.
- Es gibt weiterhin faktische Teamleiter, nur ohne offiziellen Titel.

Vor einer Kündigung muss geprüft werden, ob der betroffene Teamleiter als normaler Sachbearbeiter weiterbeschäftigt werden kann. Viele Führungskräfte waren früher Fachkräfte und können diese Arbeit weiterhin ausüben.

> **Praxisbeispiel:**
> Ein Vertriebsleiter verliert seine Führungsposition. Wenn er früher selbst im Vertrieb gearbeitet hat und eine Vertriebsstelle frei ist, muss ihm diese angeboten werden, auch wenn das eine Gehaltseinbuße bedeutet.

29. Reicht der Wunsch nach Rentabilitätssteigerung?

Der bloße Wunsch nach mehr Gewinn rechtfertigt keine Kündigung. Der Arbeitgeber muss konkrete Maßnahmen ergreifen, durch die Arbeitsplätze wegfallen. Was reicht nicht aus:
- »Wir wollen 20 % mehr Gewinn machen.«
- »Die Rendite soll von 5 % auf 8 % steigen.«
- »Wir müssen profitabler werden.«

Diese Ziele allein lassen keine Arbeitsplätze entfallen, da die Arbeit dieselbe bleibt. Was kann zur Kündigung führen: Der Arbeitgeber ergreift konkrete Maßnahmen zur Gewinnsteigerung, die Arbeitsplätze überflüssig machen, wie etwa:
- Die Schließung der hauseigenen Kantine, um Kosten zu sparen. Die Kantinenmitarbeiter können gekündigt werden.
- Die Zusammenlegung von drei Filialen zu einer Großfiliale zur Effizienzsteigerung. Die Arbeitsplätze in zwei Filialen entfallen.

- Statt fünf Sachbearbeiter sollen nur noch drei dieselbe Arbeit erledigen. Wenn dargelegt wird, wie genau das funktioniert (z. B. durch neue Software), können zwei Stellen gestrichen werden.

Der Arbeitgeber muss nicht beweisen, dass seine Maßnahme klug oder optimal ist. Aber er muss zeigen: Diese konkrete Maßnahme führt dazu, dass diese konkreten Arbeitsplätze wegfallen. Hinter »Rentabilität« verstecken sich oft vorgeschobene Gründe.

> **Praxistipp:**
> Betriebsräte sollten hartnäckig nachfragen: Welche konkrete Maßnahme wird ergriffen? Wie wirkt sie sich aus?

30. Kann eine betriebsbedingte Kündigung auf Umwelt- und Nachhaltigkeitsziele gestützt werden?

Auch Umwelt- und Nachhaltigkeitsziele (ESG-Ziele) können zu betriebsbedingten Kündigungen führen, wenn dadurch Arbeitsplätze wegfallen. Beispiele hierfür sind:

- Ein Kohlekraftwerk wird aus Klimaschutzgründen stillgelegt → Arbeitsplätze der Kraftwerksmitarbeiter entfallen.
- Eine Druckerei stellt von Papier- auf Digitalprodukte um → Drucker und Buchbinder werden nicht mehr gebraucht.
- Ein Chemieunternehmen stoppt die Produktion umweltschädlicher Stoffe → Die entsprechende Produktionslinie wird geschlossen.

Das Arbeitsgericht prüft nicht, ob die Umweltmaßnahme sinnvoll ist. Die unternehmerische Entscheidung für mehr Nachhaltigkeit wird akzeptiert, solange sie ernsthaft umgesetzt wird. Eine schwierige Lage für Betriebsräte: einerseits sollen sie den Umweltschutz im Betrieb fördern, andererseits ihre Kollegen vor Jobverlust schützen. Gegen die grüne Transformation selbst zu argumentieren ist kaum möglich. Die Lösung: statt reiner Abfindungen, Transformations-Sozialpläne mit:

- Umschulungen für neue, nachhaltige Arbeitsplätze;
- Qualifizierung für Windkraft statt Kohle;
- Transfergesellschaften für den Übergang;
- Einstellungszusagen in neuen Geschäftsfeldern.

> **Praxisbeispiel:**
> Ein Autozulieferer stellt von Verbrennungs- auf E-Motoren um. Der Sozialplan sieht vor: 18 Monate Umschulung zum Batterietechniker, danach garantierte Übernahme in der neuen Batterieproduktion. So wird aus dem »Jobkiller Klimaschutz« eine Chance für neue Arbeitsplätze.

31. Welche Bedeutung hat eine Insolvenz für betriebsbedingte Kündigungen?

Eine Insolvenz allein ist kein Kündigungsgrund. Erst wenn der Insolvenzverwalter konkrete Sanierungsmaßnahmen ergreift, die zu einem Stellenabbau führen, können betriebsbedingte Kündigungen folgen. Der Insolvenzverwalter kann mit einer Kündigungsfrist von maximal drei Monaten zum Monatsende kündigen (§ 113 Insolvenzordnung), gleichgültig was im Arbeitsvertrag steht. Das ermöglicht eine schnellere Sanierung. Die Pflichten zur Sozialauswahl und zur Prüfung von Weiterbeschäftigungsmöglichkeiten gelten weiter. Der Insolvenzverwalter kann nicht willkürlich kündigen, denn Insolvenz ist nicht gleichbedeutend mit einem rechtsfreien Raum.

> **Praxistipp:**
> Wird z.B. aufgrund einer Insolvenz ein Betrieb stillgelegt oder verschlankt, kann das betriebsbedingte Kündigungen rechtfertigen. Auch in der Insolvenz gelten die Grundsätze des Kündigungsschutzes. Betriebsräte und Beschäftigte sollten nicht automatisch von der Wirksamkeit einer Kündigung ausgehen. Auch Insolvenzverwalter machen Fehler.

32. Was ist eine Kündigung nach einem Erwerberkonzept?

Eine Kündigung nach Erwerberkonzept kommt vor, wenn ein insolventer Betrieb verkauft werden soll. Der potenzielle Käufer macht seine Übernahme davon abhängig, dass vorher Personal abgebaut wird.

Praxisbeispiel:
Ein Autozulieferer ist insolvent. Ein Investor will das Unternehmen kaufen, aber nur mit 300 statt 500 Mitarbeitern. Er legt ein Konzept vor: »So wird der Betrieb mit 300 Leuten profitabel«. Das Erwerberkonzept muss dabei konkret sein:

- Welche Abteilungen bleiben, welche werden geschlossen? (Schließung der Entwicklungsabteilung mit 50 Stellen)
- Wie viele Mitarbeiter pro Bereich? (Produktion: Reduzierung von 200 auf 150 Mitarbeiter; in der Verwaltung: von 50 auf 30 Mitarbeiter)
- Warum genau diese Struktur? (Konzentration auf Serienproduktion)
- Wirtschaftliche Kalkulation? (ist erfolgt)

Die Kündigungen muss der alte Arbeitgeber oder Insolvenzverwalter vor dem Verkauf aussprechen.

Praxistipp:
Betriebsräte sollten das komplette Erwerberkonzept anfordern. Dabei sollten sie prüfen, ob es realistisch oder nur vorgeschoben ist. Manchmal will der Käufer nur unliebsame Mitarbeiter loswerden. Auswahlkriterien und Sozialplan sollten Betriebsräte daher selbst verhandeln.

33. Kann eine sogenannte Druckkündigung eine betriebsbedingte Kündigung rechtfertigen?

Unter sehr engen Voraussetzungen kann eine Druckkündigung betriebsbedingt gerechtfertigt sein. Sie liegt vor, wenn Dritte massiv die Entlassung eines Mitarbeiters fordern und der Arbeitgeber bei Nichtbefolgen erhebliche Nachteile befürchtet.Drucksituationen können u. a. in folgenden Fällen vorliegen:

- Die gesamte Abteilung droht mit Kündigung, wenn Kollege X bleibt.
- Ein Großkunde droht mit Auftragsentzug, wenn Mitarbeiter Y weiter das Projekt betreut.
- Ein wichtiger Lieferant verweigert die Zusammenarbeit mit Mitarbeiter Z.

Zu beachten ist, dass es nicht um Fehlverhalten des betroffenen Mitarbeiters geht. Der Druck von außen macht seine Weiterbeschäftigung unmöglich, daher handelt es sich um eine betriebsbedingte Kündigung und nicht um eine verhaltensbedingte. Der Arbeitgeber muss zudem erst alle anderen Möglichkeiten ausschöpfen. Das sind:

- die Führung von Vermittlungsgesprächen;
- die Versetzung des Arbeitsnehmers in eine andere Abteilung;
- die Betreibung von Aufklärung und das Ausräumen von Missverständnissen;
- die Änderung der Arbeitsorganisation (getrennte Schichten etc.).

Nur wenn das alles nachweislich nicht hilft und der Betrieb ernsthaft gefährdet ist, kommt eine Kündigung in Betracht.

> **Praxisbeispiel:**
> In einem Krankenhaus weigern sich alle Ärzte, mit einer bestimmten OP-Schwester zusammenzuarbeiten. Trotz mehrerer Vermittlungsversuche bleibt es dabei. Eine Versetzung in andere Abteilungen scheitert am dortigen Widerstand. Die Kündigung kann ausnahmsweise zulässig sein.

> **Praxistipp:**
> Druckkündigungen sind das Einfallstor für Mobbing! Betriebs- und Personalräte sollten genau prüfen: Ist der Druck echt oder inszeniert? Hat der Arbeitgeber wirklich alles versucht?

34. Was bedeutet »Sozialauswahl«?

Die Sozialauswahl ist ein Schutzinstrument für Arbeitnehmer bei betriebsbedingten Kündigungen. Sie stellt sicher, dass nicht willkürlich gekündigt wird, sondern nach sozialen Gesichtspunkten. Müssen aus betrieblichen Gründen Stellen abgebaut werden, sollen diejenigen geschützt werden, die eine Kündigung am härtesten treffen würde. Wer jung und flexibel ist, findet leichter eine neue Stelle als jemand mit Familie und langer Betriebszugehörigkeit. Die Sozialauswahl greift, wenn mehrere vergleichbare Arbeitnehmer gekündigt werden könnten, die Betroffenen austauschbare Tätigkeiten ausüben und der Arbeitgeber eine Auswahl treffen muss.

> **Praxisbeispiel:**
> Eine Abteilung mit zehn Monteuren wird auf sechs reduziert. Alle zehn erledigen die gleiche Arbeit. Der Arbeitgeber muss nun anhand gesetzlicher Kriterien ermitteln, welche vier Monteure am wenigsten schutzbedürftig sind.

Die Auswahl erfolgt nach vier Kriterien: Alter, Betriebszugehörigkeit, Unterhaltspflichten und Schwerbehinderung. Diese werden gegeneinander abgewogen. Die Sozialauswahl ist dabei keine Empfehlung, sondern Pflicht. Wird sie falsch oder gar nicht durchgeführt, ist die Kündigung unwirksam, selbst wenn betriebliche Gründe vorliegen.

35. Welche Kriterien umfasst die Sozialauswahl?

Die Sozialauswahl basiert auf **vier gesetzlichen Kriterien (§ 1 Abs. 3 KSchG)**, die genau definiert sind:

- **Lebensalter:** Je älter, desto schutzwürdiger. Ältere Arbeitnehmer haben es auf dem Arbeitsmarkt schwerer. Ein 55-Jähriger findet statistisch gesehen schwerer eine neue Stelle als ein 25-Jähriger. Bei rentennahen Jahrgängen kann die Schutzwirkung aber wieder abnehmen.
- **Betriebszugehörigkeit:** Jedes Jahr zählt. Wer 20 Jahre im Betrieb ist, hat sein Leben darauf eingestellt und genießt mehr Schutz als jemand mit zwei Jahren. Unterbrechungen durch Kündigung und Wiedereinstellung können die Zeit zurücksetzen.
- **Unterhaltspflichten:** Nur gesetzliche Pflichten zählen, also gegenüber unterhaltsberechtigten Kindern und Ehegatten. Drei Kinder bedeuten mehr Schutz als keine Kinder zu haben. Freiwillige Unterstützung (etwa für Eltern) zählt nicht.
- **Schwerbehinderung**: Ab einem Gesamtgrad der Behinderung von 50 oder bei Gleichstellung (ab GdB 30). Dies erhöht die Schutzbedürftigkeit erheblich, da Schwerbehinderte am Arbeitsmarkt benachteiligt sind.

Kein Kriterium hat automatisch Vorrang. Ein verheirateter 30-Jähriger mit drei Kindern und Schwerbehinderung kann schutzwürdiger sein als ein 50-Jähriger Single. Viele Arbeitgeber nutzen Punktetabellen (siehe hierzu Frage 41).

36. Ist die Sozialauswahl zwingend?

Die Sozialauswahl ist zwingend vorgeschrieben. Sobald mehrere vergleichbare Arbeitnehmer für eine Kündigung in Frage kommen, muss der Arbeitgeber eine Auswahl nach sozialen Kriterien treffen. Er kann nicht einfach den unbeliebtesten Mitarbeiter oder den mit dem höchsten Gehalt wählen. Die Sozialauswahl entfällt:

- wenn es keinen vergleichbaren Mitarbeiter gibt: Der Betroffene hat etwa eine Einzelstellung (er ist der einzige Einkäufer im Betrieb: Wenn seine Stelle wegfällt, gibt es niemanden zum Vergleichen);
- wenn ein Kleinbetrieb vorliegt: für einen Betrieb mit Zehn oder weniger Arbeitnehmern gilt das KSchG nicht;
- gegebenenfalls wenn der Arbeitgeber Arbeitnehmer aus der Sozialauswahl herausnehmen darf (z. B. aufgrund Schwangerschaft oder Betriebsratszugehörigkeit, siehe hierzu Frage 42), und dies auch macht.

Das Arbeitsgericht prüft genau, ob die Sozialauswahl korrekt war. Ein häufiger Fehler, der zur Unwirksamkeit führt: der Arbeitgeber übersieht vergleichbare Mitarbeiter oder gewichtet die Sozialkriterien falsch. Dann kann der »falsch« Gekündigte erfolgreich klagen.

37. Wie wird das Lebensalter berücksichtigt?

Das Lebensalter ist eine der zentralen Kriterien der Sozialauswahl. Die Logik dahinter: Je älter, desto schwerer wird die Jobsuche. Ein 55-jähriger Arbeitnehmer findet statistisch viel schwerer eine neue Stelle als ein 30-Jähriger. Mit steigendem Alter wächst grundsätzlich die Schutzbedürftigkeit. Das Lebensalter fließt aber nicht isoliert in die Bewertung ein, sondern wird mit Betriebszugehörigkeit, Unterhaltspflichten und Schwerbehinderung abgewogen. So kann ein jüngerer Mitarbeiter mit Familie auch schutzwürdiger sein als ein älterer Single. Allerdings kann es in bestimmten Fällen zulässig sein, das Lebensalter bei rentennahen Beschäftigten weniger stark zu gewichten, z. B. wenn ein baldiger Anspruch auf Altersrente besteht und deshalb eine geringere wirtschaftliche Betroffenheit angenommen werden kann. Dies muss jedoch sachlich begründet und nachvollziehbar dokumentiert sein. Pauschale Abwertungen sind unzulässig.

38. Welche Rolle spielt die Betriebszugehörigkeit?

Die Dauer der Betriebszugehörigkeit ist ein weiteres Kriterium der Sozialauswahl. Beschäftigte, die dem Betrieb bereits lange angehören, gelten als besonders schutzwürdig. Sie haben betriebliche Erfahrung aufgebaut und ihre Lebensplanung stärker auf das Unternehmen ausgerichtet. Allerdings ist die Bewertung nicht immer eindeutig: Unterbrechungen des Arbeitsverhältnisses können die Betriebszugehörigkeit beeinflussen, etwa bei Kündigung, Austritt oder bei befristeten Arbeitsverträgen. Eine wesentliche Unterbrechung liegt z. B. vor, wenn ein Arbeitnehmer aus dem Unternehmen ausscheidet und erst später erneut eingestellt wird. Ob die frühere Zeit angerechnet wird, hängt vom Einzelfall, insbesondere von vertraglichen, tariflichen oder betrieblichen Regelungen ab. Unterbrechungen wie Krankheit, Elternzeit, Mutterschutz oder Urlaub unterbrechen die Betriebszugehörigkeit nicht, da sie gesetzlich geschützt sind. Auch tarifvertragliche Vorschriften können abweichende Regeln zur Anrechnung von Unterbrechungen enthalten. Eine pauschale Bewertung ist daher unzulässig; der Arbeitgeber muss den konkreten Fall sorgfältig prüfen und dokumentieren.

> **Praxistipp:**
> Betriebs-/Personalräte sollten Unterbrechungen gezielt hinterfragen. Kleinere Lücken können anders zu bewerten sein, als vom Arbeitgeber angenommen wird.

39. Werden Unterhaltspflichten einbezogen?

Unterhaltspflichten sind ein wichtiges Kriterium der Sozialauswahl. Wer andere Menschen finanziell versorgen muss, ist bei Jobverlust härter betroffen und daher schutzwürdiger. Nur gesetzliche Unterhaltspflichten werden dabei berücksichtigt:

- für minderjährige Kinder (ohne ausreichendes eigenes Einkommen);
- für volljährige Kinder in Ausbildung oder Studium (ohne ausreichendes eigenes Einkommen);
- für Ehepartner oder eingetragene Lebenspartner;
- für Geschiedene mit Unterhaltsanspruch.

Nicht berücksichtigt werden:

- eine freiwillige Unterstützung der Eltern;
- zusammenlebende Partner ohne Trauschein;
- volljährige Kinder mit eigenem Einkommen;
- die Unterstützung sonstiger Verwandter.

Für die Ermittlung von Unterhaltspflichten schaut der Arbeitgeber meist zuerst in die Lohnsteuerunterlagen (Steuerklasse, Kinderfreibeträge). Bei Unklarheiten kann er Nachweise verlangen, z. B. Geburtsurkunden, Scheidungsurteile mit Unterhaltsregelung, Kindergeldbescheide oder Ausbildungsbescheinigungen volljähriger Kinder.

> **Praxistipp:**
> Arbeitnehmer sollten ihre Unterhaltspflichten aktiv mitteilen, wenn eine Sozialauswahl ansteht. Wer schweigt, riskiert Nachteile.

40. Wie wird die Schwerbehinderung gewertet?

Eine anerkannte Schwerbehinderung oder Gleichstellung nach § 2 SGB IX ist ein gesetzlich festgelegtes Kriterium in der Sozialauswahl. Sie erhöht die soziale Schutzbedürftigkeit, da es Menschen mit Behinderung auf dem Arbeitsmarkt deutlich schwerer haben. Voraussetzung für die Berücksichtigung ist, dass ein Gesamtgrad der Behinderung (GdB) von mindestens 50 vorliegt (festgestellt durch das Versorgungsamt) oder die Gleichstellung mit einer schwerbehinderten Person vorliegt. Eine Gleichstellung ist möglich, wenn der GdB mindestens 30 beträgt und die betroffene Person aufgrund ihrer gesundheitlichen Einschränkungen ohne Gleichstellung keinen geeigneten Arbeitsplatz behalten oder erlangen kann. Der Antrag auf Gleichstellung muss bei der Agentur für Arbeit gestellt werden. Über den Antrag entscheidet die Arbeitsagentur im Rahmen einer Einzelfallprüfung, häufig auch unter Einbindung des Arbeitgebers sowie der Arbeitnehmer- und Schwerbehindertenvertretung (SBV). Die Berücksichtigung in der Sozialauswahl erfolgt unabhängig davon, ob die Behinderung in einem Zusammenhang mit der Tätigkeit steht.

41. Gibt es eine »Punktetabelle« zur Sozialauswahl?

Eine Punktetabelle ist gesetzlich nicht vorgeschrieben. Das Kündigungsschutzgesetz nennt nur die vier Kriterien, anhand derer die Sozialauswahl zu treffen ist (Lebensalter, Betriebszugehörigkeit, Unterhaltspflichten, Schwerbehinderung). In der Praxis nutzen viele Arbeitgeber trotzdem

Punktesysteme. Sie machen die Auswahl transparent und nachvollziehbar.

> **Praxisbeispiel:**
> - Lebensalter: 1 Punkt pro Jahr
> - Betriebszugehörigkeit: 2 Punkte pro Jahr
> - Unterhaltspflicht: 4 Punkte pro Kind, 8 Punkte für die Ehe
> - Schwerbehinderung: 10 Punkte pauschal
>
> Mitarbeiter A: 45 Jahre (45 Punkte) + 15 Jahre im Betrieb (30 Punkte) + 2 Kinder (8 Punkte) = 83 Punkte
> Mitarbeiter B: 30 Jahre (30 Punkte) + 5 Jahre im Betrieb (10 Punkte) + keine Kinder, aber verheiratet (8 Punkte) = 48 Punkte
> Ergebnis: Mitarbeiter B hat weniger Punkte, und wäre bei einer Kündigung eher betroffen.

Einmal festgelegt, muss die Tabelle für alle gleich gelten. Nachträgliche Änderungen zu Lasten einzelner sind unzulässig. Die Gewichtung muss sachgerecht sein (daran würde es bei der folgenden Gewichtung beispielsweise fehlen: 50 Punkte pro Lebensjahr, aber nur 1 Punkt pro Kind). Der Vorteil einer Punktetabelle bei einer Klage ist, dass der Arbeitgeber die Auswahl leichter begründen kann. Nachteilig ist, dass das System starr ist und besondere Umstände des Einzelfalls nicht berücksichtigt werden.

> **Praxistipp:**
> Betriebsräte sollten auf eine Betriebsvereinbarung drängen, die die Punkteverteilung fair regelt.

42. Wer darf aus der Sozialauswahl herausgenommen werden?

Aus der Sozialauswahl können bestimmte Arbeitnehmer ausnahmsweise herausgenommen werden, wenn dies gesetzlich zulässig oder arbeitsrechtlich anerkannt ist:

- **Personen mit Sonderkündigungsschutz:** Personen mit Sonderkündigungsschutz können herausgenommen werden, etwa Betriebsratsmitglieder, Schwangere, Elternzeitnehmende oder schwerbehinderte Menschen. Der Arbeitgeber ist nicht verpflichtet, diese Personen in die

Sozialauswahl einzubeziehen. Ihre Herausnahme ist faktisch zulässig, auch ohne weitere Begründung.

- **Betrieblich unverzichtbare Personen:** Nach § 1 Abs. 3 Satz 2 KSchG dürfen Arbeitnehmer auch dann aus der Auswahl herausgenommen werden, wenn ihre Weiterbeschäftigung im berechtigten betrieblichen Interesse liegt – etwa wegen besonderer Kenntnisse, Schlüsselpositionen oder Führungserfahrung. Diese Ausnahme greift allerdings nur unter engen Voraussetzungen und muss konkret und objektiv begründet werden. Eine pauschale Berufung auf »gute Leistungen« genügt nicht.

> **Praxistipp:**
> Der Betriebsrat sollte genau prüfen, ob eine Herausnahme auf einem besonderen Kündigungsschutz beruht oder auch ob etwa versucht wird, das Leistungsträgerprivileg ohne tragfähige Begründung auszudehnen.

43. Was ist ein Leistungsträgerprivileg?

Das Leistungsträgerprivileg ist eine umstrittene Ausnahme von der Sozialauswahl. Es erlaubt dem Arbeitgeber, unverzichtbare Mitarbeiter zu behalten, auch wenn diese nach den Sozialkriterien eigentlich gehen müssten. Die Idee dahinter ist, dass manchmal die strikte Sozialauswahl dem Betrieb schaden würde.

> **Praxisbeispiel:**
> Der einzige Programmierer, der das Firmensystem kennt, ist jung und kinderlos. Nach den Sozialkriterien müsste er gehen. Das könnte den Betrieb lahmlegen.

Das Gesetz stellt hohe Hürden, wann jemand wirklich unverzichtbar ist. Anerkannt wurden von der Rechtsprechung:

- Mitarbeiter mit besonderen Sprachkenntnissen gegenüber dem ausländischen Hauptauftraggeber (80 % des Umsatzes);
- Entwicklungsingenieur, der allein die Patente des Unternehmens kennt;
- Einzige Person mit behördlicher Zulassung für Spezialaufgaben.

Abgelehnt wurden:

- »Bester Verkäufer der Abteilung« (andere können auch verkaufen);
- »Sehr erfahrene Mitarbeiterin« (Erfahrung haben andere auch);

- »Rechte Hand des Chefs« (zu vage).

Der Arbeitgeber muss konkret die drei Prüffragen des Arbeitsgerichts beantworten können:

- Was genau kann nur dieser Mitarbeiter?
- Warum kann das niemand sonst (auch nicht nach einer Einarbeitung)?
- Welcher messbare Schaden entstünde ohne ihn?

In der Praxis versuchen Arbeitgeber oft, Sympathieträger oder junge Mitarbeiter über dieses Privileg zu retten und das System zu missbrauchen. Die Arbeitsgerichte sind entsprechend misstrauisch. Bloße Behauptungen reichen nie, es braucht harte Fakten.

> **Praxistipp:**
> Betriebsräte sollten sich nicht mit Floskeln abspeisen lassen. Sie sollten konkrete Nachweise für die Unverzichtbarkeit beim Arbeitgeber anfordern.

44. Wie wird die Vergleichbarkeit von Arbeitnehmern bestimmt?

Die Vergleichbarkeit bestimmt, wer überhaupt in die Sozialauswahl einbezogen wird. Die Grundregel lautet: Nur Mitarbeiter, die sich gegenseitig ersetzen könnten, sind vergleichbar. Sie müssten dafür ohne längere Einarbeitung die Arbeit des anderen übernehmen können. Eindeutige Beispiele hierfür sind:

- fünf Sachbearbeiter in der Buchhaltung mit gleichen Aufgaben;
- Monteure in der Produktion, die alle an derselben Linie arbeiten;
- Verkäufer in verschiedenen Abteilungen eines Kaufhauses.

Nicht vergleichbar sind:

- Buchhalter und Vertriebsmitarbeiter;
- Elektriker und Schlosser;
- Filialleiter und Verkäufer;
- Vollzeit-Buchhalter und Teilzeit-Empfangskraft.

Die Vergleichbarkeit ist keine rein formale oder abstrakte Frage, sie muss sachlich begründet und dokumentiert werden. Der Arbeitgeber darf den Auswahlkreis nicht künstlich verengen, um bestimmte Beschäftigte auszunehmen.

Praxistipp:
Betriebs-/Personalräte sollten prüfen, ob der Auswahlkreis realitätsnah bestimmt wurde. Oft werden vergleichbare Tätigkeiten vorschnell als »nicht vergleichbar« deklariert, um Kündigungen gezielt steuern zu können.

45. Welche Mitwirkungspflichten hat der Arbeitnehmer bei der Ermittlung der Sozialdaten und was sind die Folgen falscher oder fehlender Angaben?

Der Arbeitgeber muss die Sozialauswahl korrekt durchführen, das ist seine Pflicht. Arbeitnehmer müssen aber bei der Datenerhebung mitwirken. Der Arbeitgeber ist berechtigt, die für die Sozialauswahl relevanten Daten (Lebensalter, Betriebszugehörigkeit, Unterhaltspflichten, Schwerbehinderung) beim Arbeitnehmer zu erfragen. Macht der Arbeitnehmer auf eine solche Befragung hin bewusst falsche oder unvollständige Angaben (verschweigt er beispielsweise eine Unterhaltspflicht), kann er sich im späteren Kündigungsschutzprozess unter Umständen nicht mehr auf diesen Umstand berufen. Sein Recht, die fehlerhafte Sozialauswahl zu rügen, wäre bezüglich dieses Punktes »verwirkt«. Allerdings darf sich der Arbeitgeber nicht blind auf das Schweigen des Arbeitnehmers verlassen. Er muss zumutbare Anstrengungen unternehmen, um die Daten selbst zu ermitteln. So kann und muss er beispielsweise die Personalakte auf die Dauer der Betriebszugehörigkeit und das Alter prüfen. Hinweise auf Unterhaltspflichten können sich aus den Lohnsteuerdaten (Steuerklasse, Kinderfreibeträge) ergeben. Nur wenn der Arbeitgeber trotz dieser Bemühungen von einem bestimmten Sozialkriterium keine Kenntnis hat und der Arbeitnehmer es ihm nicht mitteilt, kann sich der Arbeitnehmer später nicht darauf berufen.

46. Kann die Sozialauswahl gerichtlich überprüft werden?

Die Sozialauswahl wird vom Arbeitsgericht vollständig überprüft. Das ist oft der entscheidende Punkt im Kündigungsschutzprozess. Viele Arbeitgeber machen hier Fehler. Das Gericht prüft in zwei Schritten:

- **Schritt 1: Wer gehört in den Vergleich?** Das Gericht kontrolliert, ob alle vergleichbaren Mitarbeiter einbezogen wurden. Beispiele hierfür sind:
  - Der Arbeitgeber behauptet: »Herr Müller ist Spezialsachbearbeiter, die anderen nur Sachbearbeiter.« → Das Arbeitsgericht prüft: Machen sie nicht doch das Gleiche?
  - Nur die eigene Abteilung wird betrachtet-obwohl im benachbarten Büro in einer anderen Abteilung die gleiche Arbeit gemacht wird.
  - Teilzeitkräfte werden »vergessen«.
- **Schritt 2: Wurde richtig ausgewählt**? Das Arbeitsgericht überprüft die Bewertung der vier Kriterien, und stellt sich beispielweise die folgenden Fragen:
  - Wurden alle Kinder gezählt?
  - Stimmen die Dauer der Betriebszugehörigkeit und das Lebensalter?
  - Wurde die Schwerbehinderung berücksichtigt?
  - Ist die Gewichtung nachvollziehbar?

Zwar hat der Arbeitgeber einen gewissen Beurteilungsspielraum, doch dieser ist nicht schrankenlos.

> **Praxistipp:**
> Arbeitnehmer sollten bei einer Kündigung sorgfältig prüfen (lassen), ob andere, weniger schutzwürdige Kollegen ebenfalls zur Auswahl standen und ob die Auswahlkriterien tatsächlich sachlich angewendet wurden.

47. Was bedeutet »grobe Fehlerhaftigkeit« der Auswahl?

Hat der Arbeitgeber die Bewertung der sozialen Gesichtspunkte in einem Tarifvertrag, in einer Betriebsvereinbarung nach § 95 BetrVG oder in einer entsprechenden Richtlinie im öffentlichen Dienst geregelt, so wird die Sozialauswahl durch das Arbeitsgericht nur daraufhin überprüft, ob sie grob fehlerhaft ist (§ 1 Abs. 4 KSchG). Das bedeutet: Der Arbeitgeber hat bei der Gewichtung der vier gesetzlichen Kriterien – Lebensalter, Betriebszugehörigkeit, Unterhaltspflichten, Schwerbehinderung – einen größeren Beurteilungsspielraum.Grob fehlerhaft ist eine Sozialauswahl, wenn sie offensichtlich sachwidrig, willkürlich oder unausgewogen ist, etwa wenn ein gesetzliches Kriterium völlig unbeachtet bleibt, der Auswahlkreis manipulativ verengt wird oder Bevorzugungen ohne nachvollziehbare Gründe erfolgen. Das Arbeitsgericht prüft also nicht, ob eine andere Auswahl »besser« gewesen wäre, sondern nur, ob die getroffene Entscheidung noch vertretbar ist. Ist sie das nicht, gilt die Kündigung als sozial ungerechtfertigt. Der Arbeitgeber sollte nachvollziehbar dokumentieren, wie die Sozialkriterien erfasst und gewichtet wurden.

Praxistipp:
Betriebs-/Personalräte sollten insbesondere Punktetabellen, Auswahlrichtlinien und die Anwendung auf Einzelfälle kritisch hinterfragen.

48. Wie wirken sich Auswahlrichtlinien nach § 95 BetrVG auf die gerichtliche Überprüfung der Sozialauswahl aus?

Auswahlrichtlinien nach § 95 BetrVG sind mit dem Betriebsrat vereinbarte Regelungen, die festlegen, nach welchen fachlichen und persönlichen Kriterien personelle Einzelmaßnahmen wie Einstellungen, Versetzungen oder auch Kündigungen durchzuführen sind. Sie können beispielsweise ein Punktesystem für die Sozialauswahl enthalten. Das Vorliegen einer solchen Auswahlrichtlinie hat erhebliche rechtliche Konsequenzen. Gemäß § 1 Abs. 4 KSchG wird die gerichtliche Überprüfung der Sozialauswahl auf die Prüfung »grober Fehlerhaftigkeit« beschränkt, wenn die Auswahl auf Basis einer solchen Richtlinie erfolgte. Der Arbeitgeber erlangt dadurch ein hohes Maß an Rechtssicherheit, da das Arbeitsgericht nicht mehr seine eigene Abwägung an die Stelle der vom Arbeitgeber getroffenen Auswahlentscheidung setzen darf. Es prüft nur noch, ob die Auswahl offensichtlich sachwidrig, willkürlich oder unausgewogen ist. Verstößt der Arbeitgeber gegen eine bestehende Auswahlrichtlinie, stellt dies zudem einen spezifischen Widerspruchsgrund für den Betriebsrat nach § 102 Abs. 3 Nr. 2 BetrVG dar, was wiederum den Weiterbeschäftigungsanspruch des Arbeitnehmers auslösen kann.

49. Muss der Betriebsrat der Sozialauswahl zustimmen?

Der Betriebsrat muss der Sozialauswahl nicht ausdrücklich zustimmen, damit eine betriebsbedingte Kündigung wirksam ist. Eine solche Zustimmungspflicht sieht das Gesetz nicht vor. Entscheidend ist jedoch, dass der Arbeitgeber den Betriebsrat nach § 102 Abs. 1 BetrVG ordnungsgemäß anhört. Im Rahmen dieser Anhörung muss der Arbeitgeber dem Betriebsrat die Gründe für die geplante Kündigung umfassend mitteilen. Dazu gehört insbesondere auch die Auswahlentscheidung, also warum gerade diese Person gekündigt werden soll und nicht eine andere.

50. Was passiert bei einer »Betriebsstilllegung auf Raten«? Muss hier eine Sozialauswahl für die verbleibenden Abwicklungstätigkeiten erfolgen?

Eine vollständige Betriebsstilllegung, bei der alle Arbeitsplätze zum selben Zeitpunkt wegfallen, macht eine Sozialauswahl entbehrlich, da es keine verbleibenden Arbeitsplätze gibt, für die eine Auswahl getroffen werden könnte. Anders verhält es sich bei einer schrittweisen Stilllegung, der sog. »Betriebsstilllegung auf Raten«. Hierbei wird der Personalbestand über einen längeren Zeitraum schrittweise abgebaut, während ein »Abwicklungsteam« die verbleibenden Aufgaben erledigt. In diesem Fall ist der Arbeitgeber bei jeder Kündigungswelle verpflichtet, eine Sozialauswahl unter allen noch im Betrieb verbliebenen vergleichbaren Arbeitnehmern durchzuführen. Die Rechtsprechung hat klargestellt, dass die sozial schutzwürdigsten Arbeitnehmer grundsätzlich einen Anspruch darauf haben, zuletzt gekündigt zu werden und bis zum endgültigen Ende mit den Abwicklungsarbeiten beschäftigt zu werden, sofern sie dafür qualifiziert sind.

> **Praxistipp:**
> Der Arbeitgeber darf nicht willkürlich diejenigen Mitarbeiter für die Abwicklung auswählen, die er für am geeignetsten hält, wenn dies den Grundsätzen der Sozialauswahl widerspricht.

51. Können auch Teilzeitkräfte gekündigt werden?

Auch Teilzeitkräfte können betriebsbedingt gekündigt werden. Sie genießen denselben Kündigungsschutz wie Vollzeitkräfte – nicht mehr, aber auch nicht weniger. Das Teilzeitgesetz verbietet jede Benachteiligung wegen der reduzierten Arbeitszeit. In der Praxis heißt das, dass Teilzeitkräfte in die Sozialauswahl gehören. Sie werden mit Vollzeitkräften verglichen, wenn sie dieselbe Arbeit machen. Ihre geringere Stundenzahl ist kein Kündigungsgrund. Typische unzulässige Kündigungsgründe sind:

- »Wir wollen nur noch Vollzeitkräfte.« → Rechtswidrig, wenn die Teilzeitkraft aufstocken könnte.
- »Teilzeit passt nicht mehr ins Konzept.« → Kein Kündigungsgrund, solange die Aufgaben gleichbleiben.
- »Vollzeitkräfte sind effizienter.« → Verbotene Diskriminierung.

Praxistipp:
Betriebs-/Personalräte sollten insbesondere prüfen, ob Teilzeitkräfte bei Reorganisationsmaßnahmen »übersehen« oder systematisch benachteiligt werden, insbesondere bei Auswahlentscheidungen oder der Weiterbeschäftigungsprüfung.

C. Beteiligung des Betriebs-/Personalrats

52. Welche Beteiligungsrechte hat der Betriebsrat?

Bei betriebsbedingten Kündigungen hat der Betriebsrat verschiedene Beteiligungsrechte nach dem BetrVG:

- **Anhörung bei jeder Kündigung (§ 102 BetrVG):** Bevor auch nur ein Mitarbeiter gekündigt wird, muss der Betriebsrat informiert werden. Der Arbeitgeber muss offenlegen wer gekündigt werden soll, warum der Arbeitsplatz wegfällt und wie die Sozialauswahl durchgeführt wurde. Ohne diese Anhörung ist jede Kündigung unwirksam, selbst wenn alle anderen Voraussetzungen erfüllt sind. Der Betriebsrat hat eine Woche Zeit um zu Reagieren und kann unter Umständen der Kündigung sogar widersprechen.
- **Verhandlungspflicht bei umfangreicheren Maßnahmen (§§ 111 ff. BetrVG):** Plant der Arbeitgeber Massenentlassungen, Abteilungsschließungen oder Standortverlagerungen, muss er vorher verhandeln. In einem Interessenausgleich wird geklärt, ob und wie die Maßnahme durchgeführt wird. In einem Sozialplan wird geklärt, ob es Abfindungen und Hilfen für Betroffene gibt (ein Unternehmen will 50 von 200 Stellen streichen; der Arbeitgeber darf erst kündigen, wenn mit dem Betriebsrat Verhandlungen über Alternativen und Abfederungen stattgefunden haben.).
- **Frühzeitige Information (§ 92 BetrVG):** Der Arbeitgeber muss Personalplanungen offenlegen, bevor er handelt. Erfährt der Betriebsrat von geplanten Stellenstreichungen, kann er Alternativen vorschlagen, beispielweise Kurzarbeit statt Kündigung, Umschulungen oder Versetzungen.

Praxistipp:
Auch bei »Einzelkündigungen« sollte der Betriebsrat hellhörig werden. Oft steckt ein größeres Muster dahinter. Nachfragen lohnt sich: Sind weitere Kündigungen geplant? Gibt es eine versteckte Umstrukturierung?

53. Welche Beteiligungsrechte hat der Personalrat?

Im öffentlichen Dienst hat nicht der Betriebsrat, sondern der Personalrat die Beteiligungsrechte bei Kündigungen. Die rechtliche Grundlage richtet sich nach dem Bundespersonalvertretungsgesetz (BPersVG) oder – je nach Dienstherrn – nach dem jeweiligen Landespersonalvertretungsgesetz. Die Regelungen ähneln sich in vielen Punkten, unterscheiden sich aber im Detail und in der Reichweite der Rechte. Grundsätzlich gilt, dass vor jeder Kündigung der Personalrat ordnungsgemäß beteiligt werden muss. Der Arbeitgeber (Dienststelle) hat ihn rechtzeitig und umfassend über die Kündigungsgründe, die Person und die wesentlichen Umstände der Kündigung zu unterrichten. Der Personalrat kann die Zustimmung verweigern, etwa bei sozialer Unausgewogenheit, Nichtbeachtung einer Weiterbeschäftigungsmöglichkeit oder Verstoß gegen gesetzliche Vorschriften. Wird die Beteiligung nicht ordnungsgemäß durchgeführt, ist die Kündigung unwirksam.

54. Wie sieht das Anhörungsverfahren nach § 102 BetrVG aus?

Das Anhörungsverfahren ist die wichtigste Betriebsratsbeteiligung bei Kündigungen. Ohne ordnungsgemäße Anhörung ist jede Kündigung unwirksam, egal wie berechtigt sie wäre. Zunächst sind Zeitpunkt und Form zu beachten. Die Anhörung muss vor dem Ausspruch der Kündigung erfolgen. Sie kann schriftlich oder mündlich erfolgen, muss jedoch vollständig und nachvollziehbar sein. Der Arbeitgeber darf den Betriebsrat nicht nur allgemein informieren, sondern muss ihm konkrete kündigungsrelevante Informationen geben. Inhaltlich muss der Arbeitgeber dem Betriebsrat insbesondere mitteilen wer gekündigt werden soll (Name, Tätigkeit, ggf. besondere Schutzrechte), welche dringenden betrieblichen Erfordernisse zur Kündigung führen (z. B. Wegfall des Arbeitsplatzes), wie die Sozialauswahl vorgenommen wurde (inkl. Vergleichsgruppe und Abwägung der Kriterien) und ob eine Weiterbeschäftigung auf einem anderen Arbeitsplatz möglich ist oder geprüft wurde. Die Informationen müssen so konkret sein, dass der Betriebsrat sich – ohne eigene Nachforschungen durchführen zu müssen –eine eigene Meinung bilden kann.

55. Was passiert bei einer unterlassenen Anhörung?

Wird der Betriebsrat vor einer Kündigung nicht angehört, ist die Kündigung unwirksam – unabhängig davon, wie gut sie materiell begründet ist. Das ergibt sich aus § 102 Abs. 1 Satz 3 BetrVG, welcher eindeutig festlegt: »Die Kündigung ist unwirksam, wenn der Betriebsrat nicht ordnungsgemäß angehört worden ist.« Der Begriff der »unterlassenen Anhörung« umfasst dabei nicht nur Fälle, in denen der Arbeitgeber den Betriebsrat überhaupt nicht informiert. Auch eine fehlerhafte oder unvollständige Anhörung wird als »nicht ordnungsgemäß« eingestuft und hat die gleichen Rechtsfolgen wie eine gänzlich fehlende Beteiligung. Typische Fehler sind etwa:

- unvollständige Angaben zu den Kündigungsgründen;
- fehlende Informationen zur Sozialauswahl oder Weiterbeschäftigungsmöglichkeit;
- bewusste Verschleierung von Tatsachen;
- oder eine Anhörung erst nach Zugang der Kündigung beim Arbeitnehmer.

Die Arbeitsgerichte prüfen streng, ob die Anhörung den Anforderungen des § 102 BetrVG genügt. Ist dies nicht der Fall, gilt die Kündigung als formell rechtswidrig und ist damit unwirksam.

56. Kann eine fehlerhafte Betriebs-/Personalratsanhörung nachträglich »geheilt« werden?

Eine fehlerhafte Betriebsratsanhörung kann nicht »repariert« werden, die Kündigung bleibt unwirksam. Dieser formelle Fehler kann nicht nachträglich »geheilt« werden, beispielsweise durch eine nachträgliche Zustimmung des Betriebsrats oder eine nachgeholte Anhörung für die bereits ausgesprochene Kündigung. Die einzige Möglichkeit für den Arbeitgeber, diesen Fehler zu korrigieren, besteht darin, das gesamte Verfahren neu zu beginnen: Er muss den Betriebsrat erneut und diesmal ordnungsgemäß und vollständig anhören, die Stellungnahmefrist abwarten und erst danach eine neue Kündigung aussprechen. Dies führt meistens zu einer späteren Beendigung des Arbeitsverhältnisses, und damit zu weiteren Lohn- und Gehaltszahlungen. Formfehler im internen Willensbildungsprozess des Betriebsrats (z. B. bei der Beschlussfassung oder bei der Einladung zur Sitzung) führen grundsätzlich nicht zur Unwirksamkeit der Anhörung selbst, solange der Arbeitgeber seiner Informationspflicht korrekt nachgekommen ist. Gleiches gilt für die Anhörung des Personalrats.

57. Muss der Arbeitgeber dem Betriebs-/Personalrat alle Gründe offenlegen?

Der Arbeitgeber muss »alle Karten auf den Tisch legen«. Nur so kann der Betriebsrat seine gesetzlich vorgesehene Funktion wahrnehmen und prüfen, ob soziale Gesichtspunkte, Weiterbeschäftigungsmöglichkeiten oder Schutzvorschriften beachtet wurden. Die Anhörung muss dabei vollständig und wahrheitsgemäß erfolgen. Werden wesentliche Kündigungsgründe verschwiegen oder verfälscht, ist die Anhörung nicht ordnungsgemäß, mit der Folge, dass die Kündigung unwirksam ist. Der Arbeitgeber muss dem Betriebsrat aber nicht jede interne Überlegung mitteilen, wohl aber alle entscheidungserheblichen Tatsachen, insbesondere:

- den konkreten Grund für den Wegfall eines Arbeitsplatzes;
- die Sozialauswahl mit allen Vergleichspersonen;
- besondere Schutzstellungen (z. B. Schwerbehinderung, Schwangerschaft, etc.);
- sowie das Ergebnis der Prüfung von Weiterbeschäftigungsmöglichkeiten.

Gleiches gilt im Bereich des öffentlichen Dienstes. Auch Personalvertretungen haben Anspruch auf vollständige und zutreffende Unterrichtung nach den jeweiligen Personalvertretungsgesetzen – andernfalls ist die Kündigung auch hier unwirksam.

58. Welche Fristen gelten für die Stellungnahme?

Bei einer ordentlichen Kündigung hat der Betriebsrat eine Woche Zeit, um eine Stellungnahme abzugeben. Reagiert der Betriebsrat nicht fristgemäß, gilt das als Zustimmung (§ 102 Abs. 2 Satz 2 BetrVG). Bezüglich des letzten Tags der Frist ist § 193 BGB zu beachten: »Fällt das Ende einer Frist auf einen Sonntag, einen gesetzlichen Feiertag oder einen Sonnabend, so endet die Frist mit dem Ablauf des nächsten Werktages.« Für außerordentliche (fristlose) Kündigungen gilt eine verkürzte Frist von drei Kalendertagen (§ 102 Abs. 2 Satz 3 BetrVG). Diese Frist ist bei betriebsbedingten Kündigungen jedoch praktisch bedeutungslos. Im öffentlichen Dienst gelten abweichende Fristen und Verfahren je nach Personalvertretungsgesetz (BPersVG oder jeweiliges Landesrecht). Teilweise sind dort Zustimmungen des Personalrats erforderlich, teilweise gibt es kürzere oder verlängerte Fristen für die Stellungnahme. Auch kann bei fehlender Zustimmung ein Zustimmungsersetzungsverfahren notwendig sein.

> **Praxistipp:**
> Betriebs- und Personalräte sollten die Fristen genau beachten, denn eine verspätete Stellungnahme ist rechtlich unbeachtlich.

59. Welche Form muss die Anhörung haben?

Das Gesetz schreibt keine bestimmte Form für die Anhörung des Betriebsrats vor. Sie kann daher sowohl mündlich als auch schriftlich erfolgen. In der Praxis hat sich jedoch die schriftliche Anhörung durchgesetzt, da der Arbeitgeber in einem möglichen Kündigungsschutzprozess den Zugang, Zeitpunkt und Inhalt der Anhörung nachweisen können muss. Eine mündliche Anhörung ist zwar zulässig, birgt jedoch Beweisprobleme. Entscheidend ist also nicht die äußere Form, sondern der Inhalt und der Zeitpunkt. Die Anhörung muss vollständig, nachvollziehbar und vor Ausspruch der Kündigung erfolgen.

60. Was können Betriebs-/Personalräte gegen eine Kündigung tun?

Sowohl Betriebsrat als auch Personalrat haben Möglichkeiten, gegen eine beabsichtigte Kündigung aktiv zu werden – allerdings auf unterschiedlicher rechtlicher Grundlage und mit teils abweichender Wirkung:

- **Betriebsrat-Widerspruch nach § 102 Abs. 3 BetrVG:** Der Betriebsrat kann einer ordentlichen Kündigung innerhalb einer Woche schriftlich widersprechen, wenn einer der fünf in § 102 Abs. 3 BetrVG genannten Gründe vorliegt, da z. B.:
- Sozialauswahl nicht ordnungsgemäß durchgeführt, z. B. unzutreffende Gewichtung von Alter, Betriebszugehörigkeit oder Unterhaltspflichten;
- Weiterbeschäftigung auf einem anderen Arbeitsplatz möglich, ggf. auch nach Umschulung oder zumutbarer Fortbildung;
- Umsetzung oder Änderung der Arbeitsbedingungen wäre möglich gewesen, anstatt zu kündigen.
- **Personalrat-Zustimmungsverfahren (z. B. § 79 BPersVG):** Im öffentlichen Dienst ist der Personalrat nach den jeweiligen Personalvertretungsgesetzen zu beteiligen. Im Bund (§ 79 BPersVG) sowie in vielen Ländern ist bei einer ordentlichen Kündigung die Zustimmung des Personalrats erforderlich. Verweigert der Personalrat die Zustimmung form- und fristgerecht, darf die Kündigung nicht ausgesprochen werden, es sei denn, der Arbeitgeber lässt die Zustimmung in einem Zustimmungsersetzungsverfahren durch das Verwaltungsgericht oder eine Einigungsstelle ersetzen. Die Zustimmungsverweigerungsgründe des Personalrats ähneln denen des Betriebsrats, müssen aber explizit im Gesetz oder in der Praxis des jeweiligen Landes geregelt sein.

61. Was ist der Weiterbeschäftigungsanspruch nach § 102 Abs. 5 BetrVG?

Wenn der Betriebsrat einer ordentlichen Kündigung nach § 102 Abs. 3 BetrVG fristgerecht und schriftlich widerspricht, kann der gekündigte Arbeitnehmer nach § 102 Abs. 5 BetrVG verlangen, bis zum rechtskräftigen Abschluss eines Kündigungsschutzverfahrens weiterbeschäftigt zu werden. Dieser sog. Weiterbeschäftigungsanspruch gilt unter folgenden Voraussetzungen:

- Der Betriebsrat hat innerhalb einer Woche widersprochen und dabei einen der gesetzlich vorgesehenen Gründe geltend gemacht.
- Der Beschäftigte hat fristgerecht Kündigungsschutzklage beim Arbeitsgericht erhoben (§ 4 KSchG).
- Der Arbeitgeber hat keinen Antrag auf gerichtliche Aussetzung des Weiterbeschäftigungsanspruchs gestellt oder einen solchen Antrag verloren (§ 102 Abs. 5 Satz 2 BetrVG).

Der Anspruch bedeutet, dass der Arbeitnehmer trotz ausgesprochener Kündigung weiterarbeiten darf, und weiterzubezahlen ist, solange das Verfahren läuft-auch wenn es sich über Monate oder Jahre hinziehen mag. Dies soll die wirtschaftliche und soziale Sicherheit des Arbeitnehmers bis zur endgültigen Entscheidung gewährleisten. Das Arbeitsgericht kann auf Antrag des Arbeitgebers den Anspruch vorläufig aufheben, z. B. wenn eine Weiterbeschäftigung dem Arbeitgeber unzumutbar wäre.

62. Welche rechtlichen Folgen hat ein offensichtlich unbegründeter Widerspruch des Betriebsrats?

Ein form- und fristgerechter Widerspruch des Betriebsrats löst für den gekündigten Arbeitnehmer den wichtigen Weiterbeschäftigungsanspruch nach § 102 Abs. 5 BetrVG aus. Das bedeutet, der Arbeitgeber muss ihn auf Verlangen bis zum rechtskräftigen Abschluss des Kündigungsschutzprozesses weiterbeschäftigen und bezahlen. Dieser Anspruch entsteht jedoch nur, wenn der Widerspruch ordnungsgemäß begründet ist. Der Betriebsrat muss sich auf einen der fünf im Gesetz genannten Widerspruchsgründe stützen und diesen mit konkreten Tatsachen untermauern. Ein pauschaler, formelhafter oder nicht substantiierter Widerspruch ist unwirksam und löst den Weiterbeschäftigungsanspruch nicht aus.Darüber hinaus kann der Arbeitgeber beim Arbeitsgericht beantragen, ihn von der Weiterbeschäftigungspflicht zu entbinden, wenn der Widerspruch des Betriebsrats »offensichtlich unbegründet« ist. Dies wäre der Fall, wenn die vom Betriebsrat vorgetragenen Tatsachen offensichtlich falsch sind, oder den gesetzlichen Widerspruchsgrund unter keinen denkbaren Umständen tragen können.

63. Muss ein Sozialplan bei Kündigungen berücksichtigt werden?

Ein bestehender Sozialplan muss bei betriebsbedingten Kündigungen zwingend beachtet werden. Er ist eine verbindliche Vereinbarung zwischen Arbeitgeber und Betriebsrat (§ 112 BetrVG), die regelt, wie die wirtschaftlichen Nachteile einer Betriebsänderung abgefedert werden. Typische Nachteile sind der Verlust des Arbeitsplatzes durch Kündigung, eine erzwungene Versetzung an einen anderen Standort oder Gehaltseinbußen durch eine neue Tätigkeit. Der Sozialplan enthält in der Regel:

- Abfindungsregelungen (häufig nach Lebensalter, Betriebszugehörigkeit und Gehalt gestaffelt);
- gegebenenfalls Vorrangregeln für die interne Weiterbeschäftigung;
- Regelungen zu Versetzung und Qualifizierung;
- • Regelungen zu Umzugshilfen.

Ein Sozialplan gilt wie ein Gesetz im Betrieb; beide Seiten müssen sich an den Sozialplan halten (§ 77 Abs. 4 BetrVG). Der Arbeitgeber kann nicht einfach weniger zahlen als vereinbart. Auch das Arbeitsgericht muss die Regelungen akzeptieren. Steht im Sozialplan eine bestimmte Abfindungsformel oder wurden noch weitere Leistungen festgelegt, so ist das Festgelegte bindend.

> **Praxistipp:**
> Der Sozialplan ersetzt nicht die Sozialauswahl. Eine Kündigung kann auch bei Vorliegen eines Sozialplans unwirksam sein, wenn etwa die Sozialauswahl fehlerhaft war.

64. Was ist ein Härtefallfonds im Rahmen eines Sozialplans und welche Fälle deckt er typischerweise ab?

Während die normale Abfindung oft nach einer standardisierten Formel berechnet wird (Alter x Jahre x Gehalt), fängt der Härtefallfonds besondere Schicksale auf. Dieser Fonds ist ein separates Budget, aus dem zusätzliche Leistungen an Arbeitnehmer gezahlt werden, die von der Kündigung in einer Weise getroffen werden, die über das normale Maß hinausgeht und von der Standardabfindung nicht abgedeckt wird. Ziel ist die Herstellung von Einzelfallgerechtigkeit. Typische anerkannte Härtefälle sind beispielsweise:

- Arbeitnehmer mit mehreren unterhaltspflichtigen Kindern, insbesondere Alleinerziehende;
- vorliegende Notwendigkeit, pflegebedürftige Angehörige zu versorgen;
- eine erhebliche Schwerbehinderung, welche die Chancen auf dem Arbeitsmarkt enorm mindert;
- besondere finanzielle Belastungen, z. B. durch eine schwere Krankheit oder hohe Verschuldung;
- wenn beide Ehe- oder Lebenspartner von der gleichen Maßnahme betroffen sind.

Die Entscheidung über die Vergabe der Mittel aus dem Härtefallfonds trifft in der Regel ein paritätisch besetztes Gremium aus Vertretern des Arbeitgebers und des Betriebsrats.

65. Was ist bei einem Interessenausgleich und einer Namensliste zu beachten?

Bei großen Umstrukturierungen wie Werksschließungen oder Massenentlassungen müssen Arbeitgeber und Betriebsrat einen Interessenausgleich (§ 112 BetrVG) verhandeln. Darin kann eine Namensliste enthalten sein, die weitreichende Folgen für die Betroffenen hat. Der Interessenausgleich regelt das »Ob« und »Wie«:

- Wird die Abteilung wirklich geschlossen?
- Wann passiert das?
- Wie viele Stellen fallen weg?
- Gibt es Alternativen?

In einer Namensliste werden die konkreten Arbeitnehmer aufgeführt, die eine Kündigung erhalten sollen. Sie wird Bestandteil des Interessenausgleichs und muss von beiden Seiten unterzeichnet werden (§ 1 Abs. 5 KSchG). Die Namensliste muss folgende Voraussetzungen erfüllen:

- sie muss zum Zeitpunkt des Kündigungszugangs bereits vereinbart und unterzeichnet sein,
- sie muss die Betroffenen namentlich und eindeutig bezeichnen,
- sie muss sich auf eine bestimmte Betriebsänderung beziehen,

- und sie darf nicht pauschal oder offen formuliert sein.

Wird die Namensliste erst nachträglich oder separat erstellt, oder liegt zum Zeitpunkt der Kündigung kein abgestimmter Interessenausgleich vor, entfaltet sie keine rechtliche Wirkung im Sinne des § 1 Abs. 5 KSchG.

> **Praxistipp:**
> Betriebsräte sollten bei der Erstellung einer Namensliste auf klare Kriterien und eine sorgfältige Dokumentation achten – denn der darin enthaltene Konsens mit dem Arbeitgeber wirkt sich unmittelbar auf den Kündigungsschutz aus.

66. Welche Bedeutung hat eine Namensliste für die gerichtliche Prüfung?

Eine Namensliste hat erhebliche Auswirkungen auf die gerichtliche Prüfung der Kündigungen. Die zwei großen Nachteile einer Namensliste für betroffene Arbeitnehmer sind:

- **Vermutung der sozialen Rechtfertigung:** Die Namensliste kehrt die normalen Regeln um. Anstatt, dass der Arbeitgeber beweisen muss, dass die Kündigung berechtigt erfolgte, wird gesetzlich vermutet, dass dringende betriebliche Erfordernisse für die Kündigung vorlagen und diese sozial gerechtfertigt war (§ 1 Abs. 5 Satz 1 KSchG).
- **Eingeschränkte gerichtliche Überprüfung:** Das Arbeitsgericht prüft die Sozialauswahl nur noch auf grobe Fehlerhaftigkeit (§ 1 Abs. 5 Satz 2 KSchG). Eine detaillierte Einzelfallabwägung entfällt. Grob fehlerhaft wäre die Auswahl nur, wenn sie eindeutig unsachlich oder diskriminierend wäre. Die Hürden sind also deutlich höher als bei Kündigungen ohne Namensliste. Diese Regelung stärkt die Rechtssicherheit für die Arbeitgeber. Für die betroffenen Arbeitnehmer hingegen sinken die Erfolgsaussichten einer Kündigungsschutzklage erheblich.

> **Praxistipp:**
> Arbeitnehmer, die auf einer Namensliste stehen, sollten besonders sorgfältig prüfen (lassen), ob die formellen Voraussetzungen für die Wirksamkeit der Namensliste tatsächlich erfüllt sind.

67. Worin liegt der Unterschied zwischen dem Anhörungsverfahren nach § 102 BetrVG und dem Konsultationsverfahren nach § 17 KSchG?

Obwohl an beiden Verfahren der Betriebsrat beteiligt ist, handelt es sich um zwei völlig eigenständige Verfahren mit unterschiedlichen Zielen, Anwendungsbereichen und Rechtsfolgen, die nicht miteinander verwechselt werden dürfen. Das Anhörungsverfahren nach § 102 BetrVG ist bei jeder einzelnen Kündigung – egal, ob ordentlich oder außerordentlich, betriebs-, personen- oder verhaltensbedingt – in einem Betrieb mit Betriebsrat durchzuführen. Es bezieht sich auf die individuelle Kündigungsentscheidung. Der Arbeitgeber teilt dem Betriebsrat seine bereits gefasste Absicht mit, einen bestimmten Arbeitnehmer aus gewissen Gründen zu kündigen. Ziel ist es, dem Betriebsrat die Möglichkeit zur Stellungnahme zu geben. Das Konsultationsverfahren nach § 17 KSchG greift nur bei Massenentlassungen, also wenn innerhalb von 30 Tagen eine bestimmte Anzahl von Mitarbeitern gehen soll. Es ist ein Beratungsverfahren, das stattfindet, bevor überhaupt feststeht, wer genau gekündigt wird. Der Arbeitgeber muss den Betriebsrat zunächst über die geplanten Entlassungen informieren. Daraufhin erfolgen gemeinsame Beratungen mit dem Ziel, die Entlassungen zu vermeiden, zu beschränken und ihre Folgen zu mildern. Die Durchführung des einen Verfahrens ersetzt nicht die des anderen. Bei einer Massenentlassung muss der Arbeitgeber also zuerst das Konsultationsverfahren durchführen und danach für jede einzelne Kündigung das Anhörungsverfahren nach § 102 BetrVG.

D. Kündigungsschutzklage und gerichtliche Überprüfung

68. Wie kann sich ein Arbeitnehmer gegen eine betriebsbedingte Kündigung wehren?

Arbeitnehmer können sich mit einer Kündigungsschutzklage gegen eine betriebsbedingte Kündigung wehren (§ 4 KSchG). Mit der Klage wird geprüft, ob die Kündigung sozial gerechtfertigt ist, insbesondere ob tatsächlich ein dringendes betriebliches Erfordernis besteht und ob die Sozialauswahl korrekt durchgeführt wurde. Auch formale Voraussetzungen wie die Anhörung des Betriebs-/Personalrats sind relevant. Die Beweislast für die Kündigungsgründe trägt der Arbeitgeber.

> **Praxistipp:**
> Arbeitnehmer sollten frühzeitig rechtliche Beratung einholen, um ihre Erfolgsaussichten zu klären.

69. Welche Frist gilt für die Erhebung der Kündigungsschutzklage?

Nach § 4 Satz 1 KSchG muss ein Arbeitnehmer eine Kündigungsschutzklage **innerhalb von drei Wochen nach Zugang der schriftlichen Kündigung** beim Arbeitsgericht einreichen. Innerhalb dieser Frist muss die Klage beim Arbeitsgericht eingegangen sein. Die Dreiwochenfrist beginnt mit dem Tag, an dem die Kündigung dem Arbeitnehmer zugeht, also in seinen Machtbereich gelangt und unter normalen Umständen zur Kenntnis genommen werden kann (z. B. Einwurf in den Briefkasten). Wird die Frist versäumt, gilt die Kündigung als wirksam, selbst wenn sie fehlerhaft war, es sei denn, das Arbeitsgericht lässt die verspätete Klage ausnahmsweise zu (§ 5 KSchG). Das ist nur möglich, wenn der Arbeitnehmer die Frist ohne eigenes Verschulden versäumt hat (z. B. wegen eines schweren Unfalls mit Krankenhausaufenthalt) und dies unverzüglich glaubhaft macht. Die Hürden sind insoweit extrem hoch. Fällt das Fristende auf ein Wochenende oder einen Feiertag, verlängert sich die Frist bis zum Ablauf des nächsten Werktags (§ 193 BGB).

70. Welche Instanz ist zuständig?

Kündigungsschutzklagen beginnen immer beim Arbeitsgericht. Geklagt wird in der Regel dort, wo gearbeitet wird oder am Unternehmenssitz. Mit seiner Klage beim Arbeitsgericht macht der Arbeitnehmer geltend, dass die Kündigung aus seiner Sicht sozial ungerechtfertigt oder aus anderen Gründen unwirksam ist. Ein Gütetermin wird in der Regel zügig angesetzt, oft innerhalb weniger Wochen. Kommt es im Gütetermin zu keiner einvernehmlichen Lösung zwischen den Streitparteien, so findet einige Monate später der Kammertermin statt. Der Kammertermin endet mit der Verkündung eines Urteils, falls eine Einigung auch im Rahmen dieses Gerichtstermins ausbleibt. Gegen ein Urteil der ersten Instanz kann innerhalb eines Monats Berufung beim zuständigen Landesarbeitsgericht eingelegt werden. In dritter Instanz kann das Bundesarbeitsgericht angerufen werden, dies allerdings nur, wenn die Revision vom Landesarbeitsgericht ausdrücklich zugelassen wurde oder eine Nichtzulassungsbeschwerde Erfolg hat. Letzteres ist nur sehr selten der Fall.

71. Was prüft das Arbeitsgericht konkret?

Das Arbeitsgericht prüft bei einer Kündigungsschutzklage, ob die Kündigung sozial gerechtfertigt ist (§ 1 KSchG). Entscheidend ist, ob wirklich dringende betriebliche Erfordernisse vorliegen, die den Arbeitsplatz des gekündigten Arbeitnehmers dauerhaft entfallen lassen. Zudem geht das Arbeitsgericht der Frage nach, ob der Arbeitgeber ernsthaft eine Beschäftigungsmöglichkeit im Betrieb oder Unternehmen ausgeschlossen hat (sog. milderes Mittel) und ob eine ordnungsgemäße Sozialauswahl

(§ 1 Abs. 3 KSchG) erfolgt ist. Hierbei sind die vier Kriterien Lebensalter, Betriebszugehörigkeit, Unterhaltspflichten und Schwerbehinderung zu berücksichtigen. Das Arbeitsgericht untersucht außerdem, ob formelle Voraussetzungen eingehalten wurden – insbesondere die ordnungsgemäße Anhörung des Betriebsrats (§ 102 BetrVG) bzw. des Personalrats, und den fristgerechten Zugang der Kündigung. Ob eine Kündigung rechtmäßig ist, prüft das Arbeitsgericht allerdings nicht – wie ein Strafgericht – von Amts wegen. Vielmehr müssen die Streitparteien in ihren Schriftsätzen dazu ganz konkret Stellung nehmen. Was eine Partei nicht vorträgt, wird vom Arbeitsgericht auch nicht berücksichtigt.

72. Welche Rolle spielt die unternehmerische Entscheidung im Prozess?

Die unternehmerische Entscheidung ist der Ausgangspunkt jeder betriebsbedingten Kündigung. Das Arbeitsgericht respektiert grundsätzlich die unternehmerische Freiheit. Allerdings wird die Entscheidung auf Plausibilität und Ernsthaftigkeit überprüft: Der Arbeitgeber muss umfassend darlegen, welche unternehmerische Maßnahme er getroffen hat (z. B. Abteilungszusammenlegung oder Schließung eines Standorts),und welche konkreten Folgen sich daraus für den Arbeitsplatz ergeben. Es reicht nicht aus, allgemeine wirtschaftliche Erwägungen oder pauschale Sparziele anzuführen. Besonders kritisch wird das Arbeitsgericht prüfen, ob die Entscheidung tatsächlich zum Wegfall des konkreten Arbeitsplatzes führt und nicht lediglich vorgeschoben ist. Der Arbeitgeber muss nachweisen, dass der Beschäftigungsbedarf für die gekündigte Stelle dauerhaft entfällt und keine anderweitige Weiterbeschäftigung möglich ist.

73. Wie wird die Sozialauswahl überprüft?

Das Arbeitsgericht untersucht die Sozialauswahl gründlich. Es prüft, ob der Arbeitgeber alle vier Sozialkriterien berücksichtigt hat: Wie alt sind die Mitarbeiter? Wie lange arbeiten sie im Betrieb? Wer hat Kinder zu versorgen? Liegt eine Schwerbehinderung vor? Diese vier Punkte müssen erfasst und fair gegeneinander abgewogen werden. Jedoch gilt auch hier, dass sich die Streitparteien in ihren Schriftsätzen dazu äußern müssen. Die Sozialauswahl darf der Arbeitgeber nicht nach freiem Ermessen durchführen; vielmehr unterliegt sie der gerichtlichen Kontrolle. Der Arbeitgeber muss darlegen, wer zum Vergleich herangezogen wurde, wie die einzelnen sozialen Gesichtspunkte gewichtet wurden und warum es gerade den gekündigten Arbeitnehmer getroffen hat. Liegt eine Vereinbarung nach § 1 Abs. 4 KSchG vor (z. B. durch Tarifvertrag oder Betriebsvereinbarung), so beschränkt sich die gerichtliche Überprüfung auf eine grobe Fehlerhaftigkeit.

74. Wie wird der Wegfall des Arbeitsplatzes bewiesen?

Der Arbeitgeber muss im Prozess konkret darlegen und beweisen, dass der betroffene Arbeitsplatz zum Zeitpunkt der Kündigung dauerhaft wegfällt. Er muss im Prozess nachvollziehbar erläutern, aufgrund welcher unternehmerischen Entscheidung der Beschäftigungsbedarf entfallen ist, etwa infolge einer Umstrukturierung, einer Produktionsumstellung oder durch Auslagerung von Aufgaben. Dabei genügt nicht das allgemeine Klagen über wirtschaftliche Schwierigkeiten. Entscheidend ist, dass die organisatorische Maßnahme zum Zeitpunkt des Kündigungszugangs bereits getroffen, und zumindest im Ansatz umgesetzt wurde. Es muss ein klarer Zusammenhang bestehen: Eine bestimmte Entscheidung führt dazu, dass diese Stelle nicht mehr benötigt wird. Der Arbeitgeber muss darlegen, welche Aufgaben bislang vom gekündigten Arbeitnehmer ausgeführt wurden, wie die Arbeitsorganisation künftig aussieht und wer diese Aufgaben künftig übernehmen soll. Pauschale Behauptungen oder nachträgliche Rationalisierungen reichen nicht aus. Bleibt ein Teil der Aufgaben bestehen, muss der Arbeitgeber erläutern, warum keine Weiterbeschäftigung des Arbeitnehmers – etwa mangels freier vergleichbarer Arbeitsplätze oder fehlendender Qualifikation – möglich ist.

75. Können Formfehler zur Unwirksamkeit führen?

Formale Fehler machen eine Kündigung unwirksam, selbst wenn alle sachlichen Gründe stimmen. Das sind die häufigsten Stolperfallen:

- **Fehlende Schriftform (§ 623 BGB):** Eine Kündigung muss auf Papier mit eigenhändiger Unterschrift erfolgen. E-Mail, WhatsApp, Fax oder mündliche Kündigungen sind unwirksam.
- **Fehlerhafte Betriebs-/Personalratsanhörung:** Wurde der Betriebsrat bzw. der Personalrat nicht, fehlerhaft oder nicht vollständig informiert, ist die Kündigung unwirksam.
- **Versäumte Massenentlassungsanzeige (§ 17 KSchG):** Bei größeren Kündigungswellen muss die Arbeitsagentur informiert werden. Unterbleibt dies oder enthält die Anzeige Fehler, droht dem Arbeitgeber die Unwirksamkeit der Kündigungen. Allerdings herrscht in der Rechtsprechung derzeit noch Uneinigkeit über die Folgen fehlender oder fehlerhafter Massenentlassungsanzeigen.
- **Probleme beim Zugang:** Die Kündigung gilt als zugegangen, wenn der Arbeitnehmer sie zur Kenntnis nehmen kann. Bei persönlicher Übergabe ist der Zeitpunkt klar. Bei Einwurf in den Briefkasten gilt eine wichtige Regel: Wirft der Arbeitgeber die Kündigung nach der ortsüblichen Postzustellzeit ein, geht sie erst am nächsten Tag zu. Das kann entscheidend sein und dazu führen, dass die Kündigung unwirksam ist oder das Arbeitsverhältnis eventuell erst zu einem späteren Zeitpunkt beendet wird. Deshalb sollten Arbeitgeber Kündigungen vormittags zustellen. Arbeitnehmer sollten hingegen genau prüfen, wann die Kündigung im Briefkasten lag.

76. Was ist ein Vergleich im Kündigungsschutzverfahren?

Ein Vergleich beendet den Kündigungsstreit ohne Urteil. Arbeitgeber und Arbeitnehmer einigen sich auf eine gemeinsame Lösung. Anstelle einer gerichtlichen Entscheidung protokolliert der Richter eine Einigung und der Prozess ist beendet. In der Praxis beinhaltet ein Vergleich oft folgende Punkte:

- der Arbeitnehmer akzeptiert die Beendigung des Arbeitsverhältnisses;
- der Arbeitgeber zahlt eine Abfindung;
- eine bezahlte Freistellung bis zum Beendigungszeitpunkt wird vereinbart;
- das Kündigungsdatum wird angepasst;

- es wird ein wohlwollendes Arbeitszeugnis zugesagt;
- die Zahlung offener Ansprüche wie Urlaubs- oder Weihnachtsgeld (Gratifikationen) wird geregelt.

Das Besondere am gerichtlichen Vergleich ist, dass er sofort rechtskräftig und vollstreckbar wird. Was das Arbeitsgericht protokolliert hat, gilt. Beide Seiten gewinnen damit Sicherheit und vermeiden monatelange Prozesse mit ungewissem Ausgang. Gerade wenn die Rechtslage unklar ist oder das Arbeitsverhältnis zerrüttet, ist der Vergleich oft die bessere Lösung. Die meisten Vergleiche werden gleich im ersten Termin geschlossen, dem Gütetermin. Aber auch später ist eine Einigung jederzeit möglich.

77. Besteht ein Anspruch auf Wiedereinstellung?

Grundsätzlich gibt es keinen gesetzlichen Anspruch auf Wiedereinstellung. Ist die Kündigung wirksam, ist das Arbeitsverhältnis beendet, auch wenn der Arbeitgeber später merkt, dass er doch jemanden benötigt. Die seltene Ausnahme: Nur wenn sich noch während der Kündigungsfrist herausstellt, dass der Kündigungsgrund wegfällt, kann ausnahmsweise ein Anspruch entstehen.

Praxisbeispiel:
Ein Unternehmen kündigt einem Arbeitnehmer im Januar zum 31. März wegen Auftragsmangel. Im Februar kommt überraschend ein Großauftrag. Der Arbeitsplatz wird doch gebraucht. In einem solchen Fall muss der Arbeitgeber dem Gekündigten die Stelle anbieten, aber nur, wenn die Kündigungsfrist noch läuft.
Ein Wiedereinstellungsanspruch setzt somit voraus:

- Die Kündigung war ursprünglich rechtmäßig,
- der Kündigungsgrund fällt vor Ablauf der Kündigungsfrist weg,
- eine unveränderte Weiterbeschäftigung wäre möglich und zumutbar.

Ein Wiedereinstellungsanspruch kann auch bei Massenentlassungen mit Interessenausgleich in Frage kommen, wenn dieser eine entsprechende Regelung enthält.

Praxistipp:
Der Arbeitnehmer muss den Anspruch rechtzeitig geltend machen.

78. Was passiert, wenn der Arbeitgeber während des Prozesses die Kündigung »zurücknimmt«?

Eine einmal zugegangene Kündigung ist eine sog. einseitige Willenserklärung, die das Arbeitsverhältnis beendet. Sie kann daher rechtlich nicht einseitig »zurückgenommen« oder »widerrufen« werden. Die Erklärung des Arbeitgebers, er nehme die Kündigung zurück, wird von den Gerichten rechtlich als ein Angebot an den Arbeitnehmer verstanden, das Arbeitsverhältnis zu den alten Bedingungen unverändert fortzusetzen. Der Arbeitnehmer hat nun die Wahl, dieses Angebot anzunehmen oder abzulehnen. Nimmt der Arbeitnehmer das Angebot an (ausdrücklich oder durch Wiederaufnahme der Arbeit), wird das Arbeitsverhältnis fortgesetzt, als hätte es die Kündigung nie gegeben. Die Kündigungsschutzklage wird für erledigt erklärt. Lehnt der Arbeitnehmer das Angebot ab, läuft der Kündigungsschutzprozess weiter. Die »Rücknahme« der Kündigung ist dann ein starkes Indiz dafür, dass der Arbeitgeber selbst von der Unwirksamkeit seiner Kündigung ausgeht. Dies stärkt die Position des Arbeitnehmers erheblich, insbesondere bei Verhandlungen über eine Abfindung. Ziel des Prozesses ist dann in der Regel nicht mehr die Weiterbeschäftigung, sondern eine gerichtlich protokollierte Beendigung gegen eine möglichst hohe Entschädigung. Scheitern jedoch die Abfindungsverhandlungen wegen unterschiedlicher Vorstellungen der Parteien und gibt das Arbeitsgericht der Klage statt, dann muss der unfreiwillig erfolgreiche Kläger an den Arbeitsplatz zurückkehren.

79. Kann der Arbeitnehmer im Prozess einen Auflösungsantrag nach § 9 KSchG stellen, wenn ihm die Fortsetzung des Arbeitsverhältnisses unzumutbar ist?

Dies ist eine wichtige strategische Option für den Arbeitnehmer. Stellt das Arbeitsgericht am Ende des Kündigungsschutzprozesses fest, dass die Kündigung unwirksam ist, besteht das Arbeitsverhältnis fort. Ist dem Arbeitnehmer die Fortsetzung des Arbeitsverhältnisses jedoch nicht mehr zuzumuten, kann er nach § 9 KSchG beantragen, das Arbeitsverhältnis gegen Zahlung einer angemessenen Abfindung durch das Gericht aufzulösen. Die Gründe für die Unzumutbarkeit müssen sich aus dem Verhalten des Arbeitgebers im Zusammenhang mit der Kündigung oder dem Prozess ergeben. Beispiele hierfür sind:

- Beleidigungen in den Schriftsätzen;
- schikanöses Verhalten nach Ausspruch der Kündigung;
- oder Beruhen der Kündigung auf diskriminierenden Motiven.

Die bloße Tatsache, dass der Arbeitgeber eine (unwirksame) Kündigung ausgesprochen hat, reicht für die Annahme der Unzumutbarkeit nicht aus. Der Auflösungsantrag ermöglicht es dem Arbeitnehmer, sich aus einem zerrütteten Arbeitsverhältnis mit einer finanziellen Entschädigung zu lösen, ohne auf seinen Arbeitsplatz zurückkehren zu müssen. Die Hürden für einen erfolgreichen Auflösungsantrag sind jedoch enorm hoch.

80. Mit welchen Kosten muss ein Arbeitnehmer bei einer Kündigungsschutzklage rechnen und wer trägt diese?

Das Kostenrisiko in einem arbeitsgerichtlichen Verfahren der ersten Instanz ist im Vergleich zu anderen Zivilprozessen deutlich reduziert. Dies liegt an der besonderen Kostenregelung des § 12a Arbeitsgerichtsgesetz (ArbGG):

- **Anwaltskosten:** In der ersten Instanz vor dem Arbeitsgericht trägt jede Partei ihre eigenen Anwaltskosten selbst, unabhängig davon, wer den Prozess gewinnt oder verliert. Es gibt keinen Anspruch auf Erstattung der eigenen Anwaltskosten durch die Gegenseite. Dies soll Arbeitnehmern die Scheu nehmen, ihre Rechte gerichtlich durchzusetzen.
- **Gerichtskosten:** Die Gerichtskosten trägt der Verlierer. Eine entscheidende Besonderheit ist jedoch, dass bei einer Beendigung des Verfahrens durch einen Vergleich – was in der Praxis der häufigste Fall ist – keine Gerichtskosten anfallen.

Die Höhe der Anwalts- und Gerichtskosten richtet sich nach dem sog. Streitwert. Bei einer Kündigungsschutzklage wird dieser pauschal auf drei Bruttomonatsgehälter des Arbeitnehmers festgesetzt. Die konkreten Gebühren ergeben sich dann aus dem Rechtsanwaltsvergütungsgesetz (RVG) und dem Gerichtskostengesetz (GKG). Arbeitnehmer mit geringem Einkommen können Prozesskostenhilfe (PKH) beantragen, und falls eine Rechtsschutzversicherung abgeschlossen wurde, übernimmt diese in der Regel die Kosten, sofern der Bereich Arbeitsrecht abgedeckt ist. Mitglieder einer Gewerkschaft erhalten Beistand durch einen Rechtssekretär. Dieser ist ein bei der Gewerkschaft tätiger Jurist oder eine arbeitsrechtlich erfahrene Person.

E. Abfindung und Abwicklungsfragen

81. Gibt es bei betriebsbedingten Kündigungen einen gesetzlichen Abfindungsanspruch?

Ein gesetzlicher Anspruch auf eine Abfindung besteht grundsätzlich nicht. Beschäftigte haben also keinen automatischen Anspruch auf eine finanzielle Entschädigung, wenn sie ihren Arbeitsplatz wegen einer Kündigung verlieren. Vielmehr hängt eine Abfindung in der Praxis meist von freiwilligen Vereinbarungen ab, typischerweise durch einen Vergleich in einem Kündigungsschutzprozess oder durch Vorgaben in einem Sozialplan. Auch tarifvertragliche Regelungen können verbindliche Abfindungszahlungen vorsehen; dies ist jedoch eher selten der Fall.

> **Praxistipp:**
> Arbeitnehmer sollten daher prüfen, ob ein Sozialplan existiert oder ob im Rahmen eines Kündigungsschutzverfahrens eine Abfindung verhandelt werden kann.

82. Was ist in § 1a KSchG geregelt?

§ 1a KSchG bietet eine einfache Abmachung: Wenn keine Klage, dann eine Abfindung. Der Arbeitgeber macht das Angebot direkt in der Kündigung, der Arbeitnehmer nimmt es durch Nichtstun an.

> **Praxisbeispiel:**
> Der Arbeitgeber schreibt in die Kündigung einen Zusatz: »Diese Kündigung erfolgt aus betriebsbedingten Gründen. Wenn Sie innerhalb der dreiwöchigen Klagefrist keine Kündigungsschutzklage erheben, zahlen wir Ihnen eine Abfindung gemäß § 1a KSchG.«

Die Annahme erfolgt automatisch: Der Arbeitnehmer muss nichts unterschreiben, nichts erklären. Wenn er die drei Wochen verstreichen lässt, entsteht der Abfindungsanspruch. Diese Regelung soll gerichtliche Auseinandersetzungen vermeiden und beiden Seiten Planungssicherheit bieten. Voraussetzung ist jedoch, dass die Kündigung als »betriebsbedingt« bezeichnet wird und das Abfindungsangebot eindeutig und schriftlich im Kündigungsschreiben enthalten ist.

83. Wie hoch ist eine Abfindung gemäß § 1a KSchG?

Die gesetzlich vorgesehene Abfindung nach § 1a KSchG beträgt ein halbes Bruttomonatsgehalt pro Beschäftigungsjahr. Angefangene Beschäftigungsjahre zählen mit, wenn sie mehr als sechs Monate betragen, denn dann wird auf das volle Jahr aufgerundet. Als Monatsverdienst zählt das, was dem Arbeitnehmer im letzten Monat des Arbeitsverhältnisses zusteht, also das reguläre Gehalt plus eventuelle Sachleistungen. Entscheidend ist die normale Arbeitszeit, nicht etwa eine reduzierte Stundenanzahl wegen Kurzarbeit oder Überstunden.

> **Praxisbeispiel:**
> Wer zehn Jahre und sieben Monate im Betrieb beschäftigt war, und zuletzt 3000 € brutto im Monat verdient hat, erhält nach § 1a KSchG eine Abfindung von 16 500 € (3000 € × 11 × 0,5).

Die Auszahlung erfolgt in einer Summe nach Ablauf der Kündigungsfrist. Ratenzahlung gibt es nur, wenn beide Seiten das gesondert vereinbaren, was selten vorkommt.

84. Wie wird allgemein das »Bruttomonatsgehalt« für die Abfindungsberechnung ermittelt, insbesondere bei variablen Gehaltsbestandteilen?

Die gebräuchliche Faustformel zur Berechnung einer Abfindung – ein halbes Gehalt pro Beschäftigungsjahr – basiert auf dem »Bruttomonatsgehalt«. Bei der Abfindungsberechnung zählt nicht nur das Grundgehalt, sondern es fließen alle regelmäßigen Bezüge mit ein. Das kann die Abfindung erheblich erhöhen. In der Praxis nimmt man das durchschnittliche Bruttogehalt der letzten 12 Monate. Dazu werden alle Bruttoeinkünfte des letzten Jahres addiert und durch 12 geteilt. Dazu zählen neben dem Grundgehalt auch Urlaubs- und Weihnachtsgeld, Boni und Tantiemen, Provisionen, Zulagen und Zuschläge sowie der geldwerte Vorteil eines privat nutzbaren Dienstwagens. Ein einfacher Weg zur Ermittlung des Jahresbruttogehalts ist der Blick auf die Gehaltsabrechnung für den Monat Dezember, da diese häufig eine kumulierte Jahressumme (»Gesamtbrutto«) ausweist.

> **Praxistipp:**
> Arbeitgeber rechnen gerne nur mit dem Grundgehalt. Arbeitnehmer sollten unbedingt auf eine Berechnung inklusive aller Bezüge bestehen.

85. Muss der Arbeitgeber eine Abfindung anbieten?

Der Arbeitgeber ist nicht verpflichtet, eine Abfindung anzubieten; auch nicht bei einer betriebsbedingten Kündigung. Weder das KSchG noch andere arbeitsrechtliche Vorschriften sehen eine allgemeine Pflicht zur Zahlung vor. Abfindungen beruhen fast immer auf freiwilliger Basis, sei es durch ein Angebot im Kündigungsschreiben, eine Vereinbarung im Rahmen eines gerichtlichen Vergleichs oder durch Verhandlungen zwischen den Parteien. In der Praxis bieten viele Arbeitgeber eine Abfindung an, um langwierige Rechtsstreitigkeiten zu vermeiden. Zudem kann ein verlorener Prozess für den Arbeitgeber teuer werden (Gehaltsnachzahlungen über viele Monate hinweg). Ohne Druck gibt es jedoch selten Geld. Wer nicht klagt oder verhandelt, geht meist leer aus. Die Kündigungsschutzklage kann ein Hebel sein, um eine freiwillige Abfindung zu erreichen. Keinen Anspruch darauf zu haben, bedeutet nicht, dass keine Chance auf eine Abfindung besteht. Hartnäckigkeit kann sich auszahlen.

86. Was ist der Unterschied zwischen einer Abfindung und einem Aufhebungsvertrag?

Eine Abfindung ist eine Einmalzahlung als Ausgleich für den Arbeitsplatzverlust. Automatisch gibt es sie nicht. Die Abfindung beruht meist auf freiwilliger Vereinbarung, etwa im Rahmen eines gerichtlichen Vergleichs oder eines Sozialplans. Nur in Ausnahmefällen – z. B. bei einem Abfindungsangebot nach § 1a KSchG – besteht ein gesetzlicher Anspruch. Die Höhe ist dabei oft Verhandlungssache, orientiert sich aber häufig an der Faustformel »ein halbes Bruttomonatsgehalt pro Beschäftigungsjahr«. Ein Aufhebungsvertrag beendet das Arbeitsverhältnis im gegenseitigen Einvernehmen, also ganz ohne Kündigung. Beide Seiten setzen sich an einen Tisch und handeln aus, wie die Trennung ablaufen soll: Dazu gehören z. B. der Beendigungszeitpunkt, eine mögliche Abfindung, der Umgang mit Resturlaub, ein qualifiziertes Arbeitszeugnis oder die Rückgabe von Arbeitsmitteln. Diese Gestaltungsfreiheit macht den Aufhebungsvertrag attraktiv, denn beide Seiten können ihre Interessen einbringen; birgt aber auch Risiken: Insbesondere droht eine Sperrzeit beim Arbeitslosengeld, wenn der Arbeitnehmer »freiwillig« auf seinen Arbeitsplatz verzichtet, ohne einen wichtigen Grund dafür zu haben. Auch das KSchG findet keine Anwendung, und besondere Schutzrechte (z. B. für Schwangere oder Schwerbehinderte) können entfallen. **Kurz gesagt:** Die Abfindung ist ein möglicher Bestandteil einer Trennung; der Aufhebungsvertrag ist eine besondere Form der Beendigung, bei der häufig, aber nicht zwingend, eine Abfindung vereinbart wird.

87. Was ist der Unterschied zwischen einem Abwicklungsvertrag und einem Aufhebungsvertrag?

Obwohl beide Verträge das Ende des Arbeitsverhältnisses regeln, ist der **rechtliche Unterschied fundamental** und hat erhebliche praktische Konsequenzen:

- Ein **Aufhebungsvertrag** ist eine zweiseitige Vereinbarung, die das **Arbeitsverhältnis einvernehmlich beendet**. Er tritt an die Stelle einer einseitigen Kündigung. Arbeitgeber und Arbeitnehmer einigen sich darauf, den Arbeitsvertrag zu einem bestimmten Zeitpunkt aufzulösen. Da der Arbeitnehmer aktiv an der Beendigung mitwirkt, kann dies unter Umständen zu einer Sperrzeit beim Bezug von Arbeitslosengeld führen.

- Ein **Abwicklungsvertrag** hingegen **beendet das Arbeitsverhältnis nicht selbst**. Er wird erst geschlossen, nachdem der Arbeitgeber bereits eine Kündigung ausgesprochen hat. Der Abwicklungsvertrag regelt lediglich, wie mit dieser Kündigung umgegangen wird. Typischerweise verzichtet der Arbeitnehmer im Gegenzug für die Zahlung einer Abfindung auf die Erhebung einer Kündigungsschutzklage. Da die Beendigung auf der einseitigen Kündigung des Arbeitgebers beruht, ist das Risiko einer Sperrzeit geringer als beim Aufhebungsvertrag.

88. Was ist in einem Abwicklungsvertrag nach einer Kündigung üblicherweise geregelt und worauf sollte man achten?

Ein Abwicklungsvertrag ist ein wichtiges Instrument zur rechtssicheren Gestaltung der Beendigung eines Arbeitsverhältnisses. Arbeitnehmer sollten vor der Unterzeichnung die Regelungen genau prüfen. **Eine typische Checkliste umfasst folgende Punkte:**

- **Beendigungsdatum:** Bestätigung des in der Kündigung genannten Datums oder Vereinbarung eines späteren Beendigungszeitpunktes.
- **Abfindung**: Höhe der Bruttoabfindung und ein konkretes Fälligkeitsdatum.
- **Klageverzicht:** Dies ist der Kern der Vereinbarung für den Arbeitgeber. Der Arbeitnehmer verzichtet auf die Erhebung einer Kündigungsschutzklage.
- Freistellung: Regelung, ob der Arbeitnehmer bis zum Beendigungsdatum von der Arbeit freigestellt wird und ob diese Freistellung widerruflich oder unwiderruflich ist.
- **Urlaub:** Regelung des Resturlaubs (Gewährung in der Freistellung oder finanzielle Abgeltung)
- **Arbeitszeugnis:** Vereinbarung über die Note (z. B. »gut« oder »sehr gut«) und oft auch über den genauen Wortlaut des Zeugnisses.

- **Rückgabe von Firmeneigentum:** Fristen und Modalitäten für die Rückgabe von Dienstwagen, Laptop, Handy etc.
- **Vertraulichkeit:** Verpflichtung beider Seiten, über den Inhalt des Vertrags Stillschweigen zu bewahren.
- **Ausgleichsklausel (Erledigungsklausel):** Dies ist eine der wichtigsten Klauseln. Sie besagt, dass mit Erfüllung des Vertrags alle gegenseitigen Ansprüche aus dem Arbeitsverhältnis erledigt sind. Vor Unterzeichnung muss der Arbeitnehmer sicherstellen, dass alle ihm noch zustehenden Ansprüche (z. B. Überstundenvergütung, Spesen) im Vertrag explizit geregelt sind, da sie sonst verfallen.

89. Können höhere Abfindungen ausgehandelt werden?

Höhere Abfindungen können grundsätzlich individuell ausgehandelt werden, sowohl bei einer Kündigung als auch im Rahmen eines Aufhebungsvertrags. Die gesetzlich vorgesehene Abfindung nach § 1a KSchG (ein halbes Monatsgehalt pro Beschäftigungsjahr) stellt lediglich eine Mindestregelung dar, sofern sie überhaupt zur Anwendung kommt. In vielen Fällen einigen sich Arbeitgeber und Arbeitnehmer – oft unterstützt durch Rechtsanwälte oder Gewerkschaften – auf deutlich höhere Beträge, etwa zur Vermeidung einer Kündigungsschutzklage oder zur einvernehmlichen Beendigung eines langjährigen Arbeitsverhältnisses. Die Höhe der Abfindung hängt von verschiedenen Faktoren ab: der Dauer der Betriebszugehörigkeit; der sozialen Schutzwürdigkeit; der Erfolgsaussicht einer Klage; der wirtschaftlichen Lage des Unternehmens sowie dem Verhandlungsverlauf. Auch Sozialpläne oder Tarifverträge können höhere Abfindungen vorsehen. Beschäftigte sollten sich daher frühzeitig beraten lassen, und sich nicht vorschnell mit einer pauschalen Zahlung zufriedengeben.

90. Was ist eine »Sprinter- oder Turboklausel« in einem Aufhebungs- oder Abwicklungsvertrag und welche Vor- und Nachteile hat sie?

Eine Sprinter- oder Turboklausel ist eine vertragliche Regelung, die dem Arbeitnehmer das Recht einräumt, das Arbeitsverhältnis durch eine einseitige Erklärung vor dem eigentlich vereinbarten Beendigungsdatum zu beenden.

Vorteile für den Arbeitnehmer:

- **Flexibilität**: Er kann frühzeitig eine neue Stelle antreten, ohne die Kündigungsfrist abwarten zu müssen.
- **Finanzieller Anreiz**: Als Gegenleistung für das frühere Ausscheiden wird die vereinbarte Abfindung um eine »Sprinterprämie« erhöht. Diese Prämie entspricht oft ganz oder teilweise den Gehaltszahlungen, die der Arbeitgeber durch das vorzeitige Ausscheiden einspart.

Vorteile für den Arbeitgeber:

- **Kostenersparnis:** Der Arbeitgeber spart die Arbeitgeberanteile zur Sozialversicherung für die nicht mehr zu zahlenden Gehälter, da Abfindungen sozialversicherungsfrei sind.

Nachteile und Risiken für den Arbeitnehmer:

- **Sperrzeitrisiko:** Nutzt der Arbeitnehmer die Klausel, ohne eine feste Zusage für einen neuen Arbeitsplatz zu haben, und wird arbeitslos, droht eine Sperrzeit beim Arbeitslosengeld, da er die Arbeitslosigkeit aktiv herbeigeführt hat.
- **Finanzieller Verlust:** Platzt eine neue Stelle kurzfristig, kann der finanzielle Verlust durch das fehlende Gehalt höher sein als der Gewinn durch die Sprinterprämie. Die Klausel sollte daher nur bei Vorliegen eines unterschriebenen neuen Arbeitsvertrags ausgeübt werden.

91. Welche Rolle spielt ein Sozialplan?

Ein Sozialplan ist das finanzielle Sicherheitsnetz bei größeren betrieblichen Umbrüchen. Wenn Stellen abgebaut, Standorte geschlossen oder Abteilungen umstrukturiert werden, verhandeln Arbeitgeber und Betriebsrat darüber, wie die Härten für die Betroffenen abgefedert werden. Neben Abfindungszahlungen sind folgende Inhalte typisch:

- Outplacement-Beratung (professionelle Unterstützung bei der Jobsuche);
- Übernahme von Bewerbungskosten;
- bezahlte Freistellungen für Vorstellungsgespräche;
- Umzugskostenpauschalen bei Standortwechsel;
- Zuschüsse zu Umschulungen.

Ein Sozialplan ist rechtlich verbindlich und muss vom Arbeitgeber eingehalten werden.

92. Unterliegen Abfindungsansprüche einer Verjährung oder tariflichen bzw. vertraglichen Ausschlussfristen?

Auch Abfindungsansprüche können verfallen – egal, ob sie aus einem Sozialplan, einem gerichtlichen Vergleich oder einem Abwicklungsvertrag stammen. Sie werden rechtlich wie andere Gehaltsansprüche behandelt und unterliegen denselben Fristen. Zwei Arten von Fristen sind zu unterscheiden:

- **Verjährung:** Die regelmäßige gesetzliche Verjährungsfrist beträgt drei Jahre (§ 195 BGB). Sie beginnt mit dem Ende des Jahres, in dem der Anspruch fällig wurde.
- **Ausschlussfristen (Verfallfristen):** Deutlich praxisrelevanter und gefährlicher sind Ausschlussfristen, die in vielen Arbeits- und Tarifverträgen enthalten sind. Sie verkürzen die Frist zur Geltendmachung von Ansprüchen drastisch, oft auf nur drei oder sechs Monate nach Fälligkeit. Wird der Anspruch nicht innerhalb dieser Frist (meist schriftlich oder in Textform) geltend gemacht, verfällt er ersatzlos.

> **Praxistipp:**
> Arbeitnehmer sollten nach Abschluss einer Abfindungsvereinbarung unbedingt prüfen, ob ihr Arbeitsvertrag oder ein anwendbarer Tarifvertrag eine solche Ausschlussfrist enthält, und die Fälligkeit der Zahlung genau überwachen, um ihren Anspruch nicht zu verlieren.

93. Was kann ein Arbeitnehmer tun, wenn der Arbeitgeber die in einem gerichtlichen Vergleich oder Abwicklungsvertrag vereinbarte Abfindung nicht zahlt?

Zahlt der Arbeitgeber eine vereinbarte Abfindung nicht, kommt es darauf an, **wie** sie vereinbart wurde:

- **Durch gerichtlichen Vergleich:** Ein vor dem Arbeitsgericht geschlossener Vergleich ist ein vollstreckbarer Titel (§ 794 Abs. 1 Nr. 1 ZPO) und wirkt wie ein rechtskräftiges Urteil. Zahlt der Arbeitgeber nicht fristgerecht, kann der Arbeitnehmer ohne erneute Klage die Zwangsvollstreckung einleiten. Hierfür beantragt er beim Arbeitsgericht eine sogenannte vollstreckbare Ausfertigung des Vergleichs und kann dann damit direkt einen Gerichtsvollzieher beauftragen oder eine Kontopfändung veranlassen. Dies ist der schnellste und effektivste Weg.
- **Durch außergerichtlichen Vertrag (Aufhebungs-/Abwicklungsvertrag):** Ein privat unterschriebener Aufhebungs- oder Abwicklungsvertrag ist nur »ein Stück Papier«, also kein Vollstreckungstitel. Zahlt der Arbeitgeber nicht, bestehen zwei Optionen:
- Zahlungsklage: Der Arbeitnehmer muss beim Arbeitsgericht auf Zahlung der Abfindung klagen. Nur mit dem rechtskräftigen Urteil aus diesem Prozess kann er die Zwangsvollstreckung betreiben. Dieser Weg ist zeit- und kostenintensiv.
- Rücktritt vom Vertrag: Der Arbeitnehmer kann stattdessen auch vom Aufhebungsvertrag zurücktreten. Dadurch lebt das ursprüngliche Arbeitsverhältnis wieder auf, mit Anspruch auf Lohn, aber ohne Abfindung.

Meist wird die Abfindung mit dem letzten Arbeitstag fällig. Die leichtere Durchsetzbarkeit eines gerichtlichen Vergleichs ist ein entscheidender Vorteil.

94. Wie werden Abfindungen versteuert?

Abfindungen sind steuerpflichtig; aber immerhin sozialversicherungsfrei. Das bedeutet: Keine Abzüge für Kranken-, Renten- oder Arbeitslosenversicherung, aber Versteuerung als Einkommen. Die sogenannte

Fünftelregelung ist dabei ein steuerlicher Mechanismus, der verhindert, dass Arbeitnehmer durch eine hohe Abfindung in eine ungünstige Steuerprogression geraten. Bei höheren Einkommen steigt der Steuersatz überproportional; eine einmalige Abfindung kann daher zu einer erheblichen Steuerbelastung führen. Das Finanzamt berechnet die Steuer so, als wäre die Abfindung über fünf Jahre verteilt gezahlt worden. Dadurch bleibt der anzuwendende Steuersatz niedriger, was zu Ersparnissen von mehreren Tausend Euro führen kann. **Zwei Voraussetzungen müssen für die Fünftelregelung erfüllt sein:**

- Einmalzahlung der gesamten Abfindung (keine Ratenzahlung);
- Zahlung nach Beendigung des Arbeitsverhältnisses (nicht während laufender Beschäftigung).

Seit 2025 gilt: Arbeitgeber wenden die Fünftelregelung nicht mehr direkt beim Lohnsteuerabzug an. Abfindungen werden damit bei Auszahlung voll versteuert. Die Steuerersparnis gibt es nur noch auf Umwegen. Betroffene müssen selbst aktiv werden und die Fünftelregelung in ihrer Steuererklärung beantragen. Das Finanzamt prüft dann nachträglich und erstattet die zu viel gezahlte Steuer, allerdings meist erst im Folgejahr. Das bedeutet, dass derjenige, der eine Abfindung erhält, die hohe Steuerlast erstmal verkraften muss. Die Erstattung kommt später. Ein erheblicher Liquiditätsnachteil, der eingeplant werden muss.

95. Wie wirken sich Abfindungen auf das Arbeitslosengeld aus?

Abfindungen schmälern nicht das Arbeitslosengeld, die Höhe bleibt gleich. Die Agentur für Arbeit behandelt die Abfindung als Entschädigung für den Jobverlust, nicht als Einkommen. Die Agentur für Arbeit lässt das Arbeitslosengeld jedoch ruhen, wenn Arbeitnehmer »zu früh« aus dem Arbeitsverhältnis ausscheiden. Das passiert typischerweise bei Aufhebungsverträgen oder wenn beide Seiten die Kündigungsfrist verkürzen – meist gegen Zahlung einer Abfindung. Die Logik dahinter: Wer früher geht und dafür Geld bekommt, soll nicht doppelt profitieren. Die Arbeitsagentur prüft: Reicht die Abfindung, um die Zeit bis zum regulären Kündigungsende zu überbrücken? Entscheidend ist dabei die fiktive Kündigungsfrist, also die Frist, die bei einer normalen Arbeitgeberkündigung gegolten hätte. Das

Ruhen wirkt sich nur auf den zeitlichen Beginn der Zahlung aus, nicht auf die Anspruchsdauer.

> **Praxistipp:**
> Arbeitnehmer sollten bei vorzeitiger Beendigung des Arbeitsverhältnisses – insbesondere im Rahmen eines Aufhebungsvertrags – genau prüfen (lassen), ob die Kündigungsfristen eingehalten wurden, um Nachteile beim Bezug von Arbeitslosengeld zu vermeiden.

96. Wann ist mit einer Sperrzeit durch die Agentur für Arbeit zu rechnen?

Bei einer betriebsbedingten Kündigung droht normalerweise keine Sperrzeit beim Arbeitslosengeld. Die Arbeitslosigkeit wurde vom Arbeitgeber verursacht, nicht vom Arbeitnehmer selbst. Vorsicht ist bei Aufhebungs- und Abwicklungsverträgen geboten: Hier prüft die Agentur für Arbeit genau, ob der Arbeitnehmer die Arbeitslosigkeit »mitverursacht« hat. Ohne wichtigen Grund droht eine Sperrzeit von bis zu zwölf Wochen und eine Kürzung der Bezugsdauer von 25 %. Ein wichtiger Grund kann anerkannt werden, wenn

- eine betriebsbedingte Kündigung sicher und konkret drohte,
- die gesetzliche Kündigungsfrist eingehalten wurde und
- die Abfindung nicht 0,5 Monatsgehälter pro Beschäftigungsjahr übersteigt.

Fehlen diese Voraussetzungen – etwa bei zu kurzer Kündigungsfrist oder überhöhter Abfindung – droht trotz betriebsbedingtem Hintergrund eine Sperrzeit. Da die rechtlichen Folgen erheblich sein können, ist es ratsam, fachlichen Rat einzuholen. So lassen sich Nachteile beim Arbeitslosengeld vermeiden und die Vereinbarung kann rechtssicher gestaltet werden.

F. Besondere Arbeitnehmergruppen

97. Können Schwerbehinderte betriebsbedingt gekündigt werden?

Ja, aber nur unter erschwerten Bedingungen. Vor der Kündigung ist grundsätzlich die Zustimmung des Integrationsamtes erforderlich (§ 168 SGB IX). Ohne diese Zustimmung ist die Kündigung unwirksam. Zudem ist der Arbeitgeber verpflichtet, die Schwerbehinderung bei der Sozialauswahl besonders zu berücksichtigen und alle zumutbaren Alternativen zur Kündigung auszuschöpfen. Dazu gehören insbesondere die Prüfung einer Weiterbeschäftigungsmöglichkeit auf einem freien oder angepassten Arbeitsplatz und gegebenenfalls eine zumutbare Umschulung oder Fortbildung. Diese hohen Hürden dienen dazu, Kündigungen schwerbehinderter Arbeitnehmer nur als letztes Mittel zuzulassen und sicherzustellen, dass die Kündigung nicht wegen der Schwerbehinderung erfolgt.

98. Welche Rolle spielt das Integrationsamt?

Das Integrationsamt spielt eine zentrale Rolle im Kündigungsschutzverfahren für schwerbehinderte Menschen. Beantragt ein Arbeitgeber die Zustimmung zur betriebsbedingten Kündigung eines schwerbehinderten Mitarbeiters, startet die Behörde ein umfassendes Prüfverfahren (§§ 168 ff. SGB IX). Hierbei erfolgt zunächst eine formale Prüfung des Antrags, gefolgt von einem detaillierten Anhörungsverfahren. Beteiligt und angehört werden insbesondere:

- der schwerbehinderte Arbeitnehmer,
- der Betriebs- oder Personalrat und die Schwerbehindertenvertretung, soweit diese Arbeitnehmervertretungen im Betrieb oder in der Dienststelle bestehen.

Das Integrationsamt untersucht genau, ob der Arbeitgeber seiner besonderen Fürsorgepflicht nachgekommen ist: Wurde jede Chance auf Weiterbeschäftigung geprüft, auch auf anderen Arbeitsplätzen oder nach einer Umschulung? Am Ende wägt das Amt ab: Sind die betrieblichen Gründe so schwerwiegend, dass sie den verstärkten Schutz des schwerbehinderten Mitarbeiters überwiegen?

99. Was gilt für Schwangere?

Schwangere genießen einen besonderen Kündigungsschutz gemäß § 17 MuSchG. Während der Schwangerschaft und bis zu vier Monate nach der Entbindung ist eine Kündigung grundsätzlich unzulässig, auch wenn betriebsbedingte Gründe wie Umstrukturierungen oder Abteilungsschließungen vorliegen. Nur in äußerst seltenen und besonders begründeten Ausnahmefällen kann eine Kündigung ausgesprochen werden. Dazu ist jedoch die vorherige Zustimmung der zuständigen Landesbehörde erforderlich. Die Behörde prüft dann sehr genau, ob tatsächlich schwerwiegende betriebliche Gründe vorliegen und keine andere Möglichkeit der Weiterbeschäftigung besteht. Zudem darf die Kündigung keinesfalls im Zusammenhang mit der Schwangerschaft stehen. Ohne diese behördliche Zustimmung ist jede Kündigung unwirksam. Dieser besonders starke Kündigungsschutz soll werdende Mütter vor arbeitsplatzbezogenen Existenzängsten schützen und ihnen eine gesicherte wirtschaftliche Grundlage während der Schwangerschaft und nach der Geburt gewährleisten.

100. Gilt der besondere Kündigungsschutz auch bei Betriebsschließungen?

Der Sonderkündigungsschutz für schwerbehinderte Menschen und Schwangere gilt auch hier. Aber die Behörden werden bei einer vollständigen Betriebsschließung in den allermeisten Fällen dem Antrag auf Kündigung zustimmen, wenn tatsächlich alle Arbeitsplätze dauerhaft wegfallen. Die Behörden prüfen sorgfältig, ob eine Weiterbeschäftigungsmöglichkeit, auch in anderen Betriebsteilen oder an anderen Standorten, besteht. Erst wenn eindeutig feststeht, dass sämtliche Beschäftigungsmöglichkeiten entfallen, wird einer Kündigung zugestimmt. Die besonderen Schutzvorschriften gelten also weiter, doch bei vollständigen Betriebsschließungen sind Kündigungen auch gegenüber besonders geschützten Personen unter engen Voraussetzungen möglich.

101. Können Elternzeitbeschäftigte gekündigt werden?

Während der Elternzeit gilt ein besonderer Kündigungsschutz nach § 18 BEEG. Der Kündigungsschutz startet schon vor der eigentlichen Elternzeit:

- bei Elternzeit in den ersten 3 Lebensjahren: 8 Wochen vorher;
- bei späterer Elternzeit (3.-8. Lebensjahr): 14 Wochen vorher.

Eine Kündigung während der Elternzeit ist nur in besonderen Ausnahmefällen und mit vorheriger Zustimmung der zuständigen Landesbehörde zulässig. Diese prüft streng, ob zwingende betriebliche Gründe wie eine vollständige Betriebsschließung oder eine tiefgreifende Umstrukturierung vorliegen, die eine Weiterbeschäftigung unmöglich machen. Ohne behördliche Zustimmung bleibt eine Kündigung unwirksam. Der besondere Schutz soll sicherstellen, dass Eltern während der Betreuung ihrer Kinder vor dem Verlust ihres Arbeitsplatzes geschützt sind und nach der Elternzeit an ihren Arbeitsplatz zurückkehren können.

> **Praxistipp:**
> Wer Elternzeit plant, sollte den Antrag zum richtigen Zeitpunkt stellen. Stellt man den Antrag zu früh, greift der Kündigungsschutz noch nicht. Genau richtig ist es, den Antrag 8 bzw. 14 Wochen vor Beginn der Elternzeit zu stellen. Dann ist man ab Antragstellung geschützt.

102. Wie ist die Rechtslage bei Pflegezeit?

Wer Angehörige pflegt, genießt besonderen Kündigungsschutz – ähnlich stark wie in der Elternzeit. Ab dem Tag, an dem Pflegezeit beantragt wird, maximal jedoch 12 Wochen vor dem angekündigten Beginn, gilt: Kündigungsverbot. Es gibt zwei Arten von Pflegezeit:

- Kurzzeitige Arbeitsverhinderung: bis zu 10 Tage (akute Pflegesituation);
- Pflegezeit: bis zu 6 Monate (längerfristige Pflege).

Eine Kündigung ist nur in Ausnahmefällen mit vorheriger Zustimmung der zuständigen Landesbehörde zulässig. Als pflegebedürftiger Angehöriger gelten:

- Großeltern, Eltern, Schwiegereltern, Stiefeltern,
- Ehepartner, Lebenspartner, Partner einer eheähnlichen oder lebenspartnerschaftlichen Gemeinschaft,
- Geschwister, Ehegatten der Geschwister, Geschwister der Ehegatten,
- Lebenspartner der Geschwister und Geschwister der Lebenspartner,
- Kinder, Adoptiv- oder Pflegekinder,
- Kinder, Adoptiv- oder Pflegekinder des Ehegatten oder Lebenspartners,
- sowie Schwiegerkinder und Enkelkinder.

> **Praxistipp:**
> Nach § 3 Abs. 6a PflegeZG gilt dieser Kündigungsschutz nicht in Kleinbetrieben mit in der Regel 15 oder weniger Beschäftigten. Hier können Beschäftigte lediglich eine Vereinbarung über Pflegezeit mit dem Arbeitgeber beantragen, die dieser innerhalb von vier Wochen beantworten und begründet ablehnen kann. Wird eine Pflegezeit vereinbart, gelten die Schutzvorschriften einschließlich des Kündigungsschutzes entsprechend. Ohne eine solche Vereinbarung besteht jedoch kein Kündigungsschutz in Kleinbetrieben. Dies bedeutet, dass Arbeitnehmer in Kleinbetrieben zur Absicherung aktiv auf eine Vereinbarung hinwirken müssen, um in den Schutzbereich des PflegeZG zu fallen.

103. Was gilt bei befristet Beschäftigten?

Befristete Arbeitsverträge enden automatisch zum vereinbarten Datum (§ 15 TzBfG). Einen besonderen Kündigungsschutz gibt es nicht. Eine ordentliche Kündigung während der Vertragslaufzeit ist nur möglich, wenn dies im Arbeits- oder Tarifvertrag ausdrücklich vereinbart wurde. Ohne eine solche Regelung kann das Arbeitsverhältnis vor Fristablauf weder vom

Arbeitgeber noch vom Arbeitnehmer ordentlich gekündigt werden. Steht im befristeten Vertrag oder im Tarifvertrag eine Kündigungsklausel, gelten die normalen Regeln. Auch befristet Beschäftigte können dann betriebsbedingt gekündigt werden; aber nur unter denselben strengen Voraussetzungen wie unbefristet Beschäftigte. Dafür muss das KSchG greifen; dies ist der Fall, wenn die folgenden Voraussetzungen erfüllt sind:

- der Betrieb hat mehr als zehn Mitarbeiter,
- und der befristet Beschäftigte ist länger als sechs Monate im Betrieb tätig.

Befristet Beschäftigte müssen in die Sozialauswahl einbezogen werden, wenn im Rahmen einer betriebsbedingten Kündigung eine Auswahl unter vergleichbaren Arbeitnehmern zu treffen ist. Auch hier sind Kriterien wie Lebensalter, Betriebszugehörigkeit, Unterhaltspflichten und Schwerbehinderung zu berücksichtigen. Der besondere Kündigungsschutz für Schwangere, schwerbehinderte Menschen sowie Beschäftigte in Elternzeit oder Pflegezeit gilt auch während eines befristeten Arbeitsverhältnisses. Der Schutz wirkt nur vor Kündigungen, nicht gegen das Vertragsende. Der Sonderkündigungsschutz führt in diesen Fällen nicht zu einer Verlängerung des Arbeitsverhältnisses; es sei denn, der Arbeitnehmer kann erfolgreich eine Diskriminierung darlegen und beweisen.

104. Fallen Minijobber unter das Kündigungsschutzgesetz und müssen sie bei einer betriebsbedingten Kündigung in die Sozialauswahl einbezogen werden?

Minijobber (geringfügig Beschäftigte) fallen unter das KSchG, sofern das Arbeitsverhältnis länger als sechs Monate besteht und der Betrieb mehr als zehn Arbeitnehmer beschäftigt. Ist das KSchG anwendbar, hat der Minijobber vollen Kündigungsschutz. Bei einer betriebsbedingten Kündigung muss der Arbeitgeber ihn zwingend in die Sozialauswahl einbeziehen. Das bedeutet, er muss mit allen fachlich vergleichbaren Arbeitnehmern – unabhängig von deren Arbeitszeit – anhand der vier sozialen Kriterien verglichen werden. Eine unternehmerische Entscheidung, pauschal nur die

Minijobs zu streichen, ist ohne diese individuelle soziale Abwägung unzulässig und rechtswidrig.

105. Sind Auszubildende kündbar?

Für Auszubildende gelten besondere Kündigungsregeln nach § 22 Berufsbildungsgesetz (BBiG), die zwischen der Probezeit und der Zeit nach Ablauf der Probezeit unterscheiden:

- **Während der Probezeit:** Die Probezeit beträgt mindestens einen Monat und höchstens vier Monate (§ 20 BBiG). Während dieser Zeit kann das Ausbildungsverhältnis von beiden Seiten jederzeit ohne Einhaltung einer Kündigungsfrist und ohne Angabe von Gründen gekündigt werden. Somit kann auch eine betriebsbedingte Kündigung in der Probezeit ausgesprochen werden, ohne dass der Arbeitgeber den Wegfall des Ausbildungsplatzes näher begründen muss.
- **Nach der Probezeit:** Nach Ablauf der Probezeit sind Kündigungen nur noch in engen Ausnahmefällen möglich. Eine ordentliche Kündigung aus betrieblichen Gründen ist ausgeschlossen. Das Ausbildungsverhältnis kann dann nur gekündigt werden:
  - aus einem wichtigen Grund fristlos (z. B. schwere Pflichtverletzungen durch den Azubi wie etwa Diebstahl oder Betrug);
  - durch den Auszubildenden mit einer Frist von vier Wochen, wenn er die Berufsausbildung aufgeben, oder sich in einem anderen Beruf ausbilden lassen möchte.

Betriebsbedingte Kündigungen von Auszubildenden sind bei Umstrukturierungen oder Auftragsmangel grundsätzlich ausgeschlossen. Eine außerordentliche Kündigung aus wichtigem Grund kommt ausschließlich bei vollständiger und dauerhafter Betriebsschließung in Betracht. Die Rechtsprechung legt hierbei besonders strenge Maßstäbe an. Wirtschaftliche Erwägungen, wie etwa die Unrentabilität der Ausbildung, rechtfertigen keine Kündigung.

106. Können Mitglieder des Betriebsrats betriebsbedingt gekündigt werden?

Betriebsratsmitglieder haben nach § 15 KSchG i. V. m. § 103 BetrVG besonderen Kündigungsschutz. Sie sind während ihrer Amtszeit und bis ein Jahr danach grundsätzlich unkündbar. Eine außerordentliche Kündigung kommt nur bei wichtigem Grund und mit Zustimmung des Betriebsrats in Betracht, etwa bei schweren Pflichtverletzungen. In folgenden Konstellationen sind jedoch auch Betriebsratsmitglieder ausnahmsweise kündbar:

- **Betriebsstilllegung (§ 15 Abs. 4 KSchG):** Bei vollständiger Betriebsstilllegung kann ein Betriebsratsmitglied frühestens zum Zeitpunkt der Stilllegung gekündigt werden. Eine frühere Beendigung ist nur bei zwingenden betrieblichen Erfordernissen möglich. Der Arbeitgeber muss zuvor prüfen, ob eine Weiterbeschäftigung in einem anderen Betrieb des Unternehmens möglich ist.
- **Abteilungsstilllegung (§ 15 Abs. 5 KSchG):** Wird nur die Abteilung geschlossen, in der ein Betriebsratsmitglied tätig ist, besteht eine Übernahmepflicht in eine andere Abteilung. Diese Regelung schützt die Funktionsfähigkeit des Betriebsrats. Ist eine Übernahme aus betrieblichen Gründen unmöglich, gelten die Regeln der Betriebsstilllegung entsprechend: Die Kündigung ist frühestens zum Zeitpunkt der Abteilungsschließung und nur bei zwingenden betrieblichen Erfordernissen zulässig.

107. Was gilt für Wahlbewerber?

Wahlbewerber für den Betriebsrat stehen unter einem besonderen Kündigungsschutz nach § 15 Abs. 3 KSchG. Dieser beginnt mit der Aufstellung des Wahlvorschlags und besteht bis zur Bekanntgabe des Wahlergebnisses. Wird der Wahlbewerber nicht gewählt, gilt der besondere Kündigungsschutz noch sechs weitere Monate. Ordentliche Kündigungen sind in dieser Zeit ausgeschlossen. Außerordentliche Kündigungen bleiben nur bei wichtigem Grund möglich (z. B. Diebstahl, Betrug oder grobe Beleidigung) und erfordern die vorherige Zustimmung des Betriebsrats. Wird die Zustimmung verweigert, muss der Arbeitgeber die fehlende Zustimmung gerichtlich ersetzen lassen. Bei Abteilungs- oder Betriebsstilllegung gelten die gleichen Grundsätze wie für Betriebsratsmitglieder: Eine Kündigung ist erst zum Zeitpunkt der Stilllegung zulässig, und nur wenn zwingende betriebliche Erfordernisse vorliegen und eine anderweitige Weiterbeschäftigung nicht möglich ist (§ 15 Abs. 4, 5 KSchG).

108. Was gilt für JAV-Mitglieder?

Mitglieder der Jugend- und Auszubildendenvertretung (JAV) haben denselben Kündigungsschutz wie Betriebsratsmitglieder (§ 15 Abs. 1, 2 KSchG): Während der Amtszeit und ein Jahr danach sind sie ordentlich unkündbar. Außerordentliche Kündigungen bleiben aus wichtigem Grund möglich (z. B. wegen Diebstahl oder unentschuldigtem Fehlen in der Berufsschule), erfordern aber die Zustimmung des Betriebsrats. Bei Betriebsstilllegung gelten dieselben Regeln wie für Betriebsrats-Mitglieder – Kündigung frühestens zum Stilllegungszeitpunkt. Eine Besonderheit besteht beim Ausbildungsende. Nach § 78a BetrVG haben Auszubildende einen Übernahmeanspruch. Dieser Anspruch entfällt nur, wenn die Übernahme für den Arbeitgeber unzumutbar ist (z. B. bei Betriebsstilllegung).

109. Was gilt für Datenschutzbeauftragte?

Datenschutzbeauftragte sind nach § 6 Abs. 4 i. V. m. § 38 Abs. 2 Bundesdatenschutzgesetz (BDSG) ordentlich unkündbar – wie Betriebsräte. Nur außerordentliche Kündigungen aus wichtigem Grund sind möglich. Der Schutz wirkt noch ein Jahr nach Abberufung nach. Die Rechtsprechung hat klargestellt, dass dieser Sonderkündigungsschutz auch für den wirksam bestellten stellvertretenden Datenschutzbeauftragten gilt. Die Schutzbedürftigkeit zur Sicherung der Unabhängigkeit wird hier als gleichwertig angesehen. Freiwillig bestellte Datenschutzbeauftragte haben keinen Sonderkündigungsschutz. Das Gesetz schützt nur Datenschutzbeauftragte, deren Bestellung vorgeschrieben ist (ab 20 Personen mit ständiger Datenverarbeitung). Fällt die Bestellpflicht weg – etwa durch Personalabbau unter diese Grenze – erlischt auch der Kündigungsschutz. Ein freiwilliger Datenschutzbeauftragter kann daher normal betriebsbedingt gekündigt werden.

110. Was gilt für leitende Angestellte?

Leitende Angestellte haben zwar Kündigungsschutz nach dem KSchG (der Arbeitgeber muss also betriebliche Gründe nachweisen, eine korrekte Sozialauswahl unter vergleichbaren Arbeitnehmern durchführen und prüfen, ob eine anderweitige Weiterbeschäftigung möglich ist), allerdings gibt es eine **Besonderheit** zu beachten: Gewinnt der leitende Angestellte seine Kündigungsschutzklage, kann der Arbeitgeber trotzdem die Auflösung gegen Abfindung beantragen und dies ohne Begründung (§ 14 Abs. 2 KSchG)! Bei normalen Arbeitnehmern müsste er triftige Gründe nachweisen. Das Arbeitsgericht setzt dann eine Abfindung fest (bis zu 12 Monatsgehälter, bei älteren Arbeitnehmern bis zu 18 Monatsgehälter). Faktisch bedeutet das, dass leitende Angestellte ihren Job meist nicht »einklagen« können, sondern nur eine Abfindung erkämpfen. Als leitende Angestellte geltennur echte Führungskräfte mit Entscheidungsmacht (§ 5 Abs. 3 BetrVG):

- Personalverantwortung: selbstständig einstellen und entlassen dürfen, oder
- Prokura oder Generalvollmacht mit echtem Spielraum, oder
- Strategische Bedeutung für das Unternehmen.

Die meisten »Manager« im Mittelmanagement fallen nicht darunter, und haben vollen Kündigungsschutz.

111. Werden ältere Beschäftigte bei Kündigungen geschützt?

Das Alter ist ein Schutzkriterium bei der Sozialauswahl (§ 1 Abs. 3 KSchG). Die Logik dahinter: Ein 55-Jähriger findet schwerer einen neuen Job als ein 30-Jähriger. Deshalb sind Ältere bei betriebsbedingten Kündigungen besser geschützt und dürfen eher bleiben. Das Alter ist aber nur ein Kriterium neben Betriebszugehörigkeit, Unterhaltspflichten und Schwerbehinderung. Alle vier müssen gegeneinander abgewogen werden. Die Sozialauswahl darf nicht dazu führen, dass jüngere Arbeitnehmer systematisch und ohne sachlichen Grund benachteiligt werden.

Praxisbeispiel:
- Mitarbeiter A: 58 Jahre, 8 Jahre im Betrieb, keine Kinder.
- Mitarbeiter B: 45 Jahre, 26 Jahre im Betrieb, verheiratet, 3 kleine Kinder.

Hier könnte B trotz jüngeren Alters schutzwürdiger sein. Die vielen Unterhaltspflichten und die lange Betriebszugehörigkeit wiegen schwer.

Ältere zu schützen ist keine verbotene Altersdiskriminierung. Es gleicht stattdessen Nachteile am Arbeitsmarkt aus. Eine Regel wie »Alle Arbeitnehmer unter 30 müssen zuerst gehen.« wäre aber rechtswidrig.

Praxistipp:
Betriebsräte sollten auf ausgewogene Punktesysteme achten. Wird das Alter übergewichtet (z.B. 3 Punkte pro Jahr), gehen nur junge Arbeitnehmer. Das ist angreifbar.

112. Ist eine Sozialauswahl bei Leiharbeitern erforderlich?

Der **Entleiher** muss bei betriebsbedingten Kündigungen keine Sozialauswahl unter Leiharbeitnehmern durchführen. Leiharbeitnehmer sind nicht seine Angestellten, sondern die des Zeitarbeitsunternehmens. Bei einer Restrukturierung oder einem Personalabbau im Entleihbetrieb wird zunächst geprüft, ob der Einsatz von Leiharbeitnehmern reduziert werden kann, bevor eigene Stammkräfte gekündigt werden. Gegebenenfalls wird der Einsatz von Leiharbeitnehmern vollständig beendet, ohne dass der Entleiher eine Sozialauswahl treffen muss. Für den **Verleiher als Arbeitgeber** gilt jedoch: Möchte der Verleiher einem Leiharbeitnehmer betriebsbedingt kündigen, muss er eine Sozialauswahl nach § 1 Abs. 3 KSchG durchführen, sofern die Voraussetzungen des Kündigungsschutzgesetzes erfüllt sind (Betrieb mit mehr als zehn Beschäftigten, Arbeitsverhältnis länger als sechs Monate). Hierbei werden die Leiharbeitnehmer untereinander und mit anderen vergleichbaren Arbeitnehmern des Verleihbetriebs in die Sozialauswahl einbezogen.

113. Kann einem Arbeitnehmer während einer lang andauernden Krankheit betriebsbedingt gekündigt werden?

Das ist möglich. Es herrscht der weit verbreitete Irrglaube, eine Arbeitsunfähigkeit schütze vor einer Kündigung. Dies ist jedoch nicht der Fall. **Entscheidend ist die strikte Trennung der Kündigungsgründe:**

- **Betriebsbedingte** Kündigung während der Krankheit: Liegt ein echter betriebsbedingter Grund vor (z. B. die Schließung der Abteilung, in der der erkrankte Mitarbeiter tätig ist), kann diesem wie jedem anderen Mitarbeiter auch gekündigt werden. Die Krankheit ist in diesem Fall nicht der Grund für die Kündigung, sondern fällt zeitlich mit ihr zusammen. Die soziale Schutzwürdigkeit des Arbeitnehmers aufgrund seiner Erkrankung (z. B. als anerkannter Schwerbehinderung) muss jedoch im Rahmen der Sozialauswahl besonders berücksichtigt werden.
- **Krankheitsbedingte** Kündigung: Will der Arbeitgeber wegen der Krankheit kündigen, handelt es sich um eine personenbedingte Kündigung. Hierfür gelten völlig andere und sehr hohe Hürden: Der Arbeitgeber muss eine negative Gesundheitsprognose, eine erhebliche Beeinträchtigung betrieblicher Interessen und das Ergebnis einer umfassenden Interessenabwägung zu seinen Gunsten nachweisen.

> **Praxistipp:**
> In der Praxis versuchen Arbeitgeber mitunter, eine schwer zu begründende krankheitsbedingte Kündigung als betriebsbedingte Kündigung zu »tarnen«. Dies ist ein zentraler Punkt, der in einem Kündigungsschutzprozess kritisch hinterfragt werden muss.

114. Gibt es betriebsbedingte Kündigungen während der Freistellungsphase der Altersteilzeit?

Bei der Altersteilzeit im sog. Blockmodell leistet der Arbeitnehmer seine Arbeit in der ersten Phase **(Arbeitsphase)** vollständig vor und wird in der zweiten Phase **(Freistellungsphase)** von der Arbeit freigestellt, erhält aber weiterhin sein reduziertes Gehalt. Das Bundesarbeitsgericht hat entschieden, dass eine **betriebsbedingte Kündigung während der Freistellungsphase grundsätzlich unwirksam** ist. Denn der Arbeitnehmer hat seine vertragliche Hauptleistungspflicht – die Arbeitsleistung – bereits vollständig erbracht. Ein »dringendes betriebliches Erfordernis«, das einer Weiterbeschäftigung entgegensteht, kann es daher nicht mehr geben, da keine Beschäftigungspflicht mehr existiert. Selbst eine vollständige Betriebsstilllegung rechtfertigt in dieser Phase keine betriebsbedingte Kündigung mehr. Ausnahmen von diesem Grundsatz sind eng begrenzt:

- Eine außerordentliche Kündigung aus wichtigem Grund (z. B. wegen einer Straftat zum Nachteil des Arbeitgebers) bleibt auch in der Freistellungsphase möglich.
- Im Falle einer Insolvenz des Arbeitgebers gelten Sonderregelungen nach § 113 der Insolvenzordnung (InsO), die dem Insolvenzverwalter unter Umständen eine Kündigung auch in der Freistellungsphase ermöglichen.

115. Können Werkstudenten betriebsbedingt gekündigt werden?

Werkstudenten sind ganz normale Arbeitnehmer – nur eben in Teilzeit. Sie können betriebsbedingt gekündigt werden wie alle anderen auch. Ob das KSchG Anwendung findet, hängt von den allgemeinen Voraussetzungen ab. Es findet also Anwendung, wenn der Betrieb mehr als zehn Beschäftigte hat und das Arbeitsverhältnis länger als sechs Monate besteht (§ 1 KSchG). Liegt Kündigungsschutz vor, muss der Arbeitgeber für eine betriebsbedingte Kündigung dringende betriebliche Erfordernisse nachweisen; prüfen, ob eine Weiterbeschäftigungsmöglichkeit besteht; und eine korrekte Sozialauswahl unter vergleichbaren Arbeitnehmern vornehmen. Werkstudenten sind dabei in die Sozialauswahl einzubeziehen, wenn sie vergleichbare Tätigkeiten ausüben.

> **Praxisbeispiel:**
> A (23 Jahre alt, kinderloser Single) arbeitet seit 8 Monaten als Werkstudentin in der Marketing-Abteilung eines Unternehmens mit 50 Mitarbeitern. Die Abteilung wird verkleinert. Sie muss in die Sozialauswahl einbezogen werden, zusammen mit den Festangestellten, die vergleichbare Aufgaben machen. Als junge Studentin ohne Familie wird sie aber wahrscheinlich weniger Sozialpunkte haben als ältere Kollegen mit Kindern.

Eine Werkstudententätigkeit liegt oft in Zusammenhang mit zwei anderen »Sonderfällen« vor:

- Befristung: Die meisten Werkstudenten-Verträge sind befristet und enden automatisch mit Zeitablauf. Eine ordentliche Kündigung während der Laufzeit ist nur möglich, wenn das im Vertrag oder im Tarifvertrag steht (siehe Frage 103).
- Minijob: Auch solche Werkstudenten haben Kündigungsschutz, wenn die allgemeinen Voraussetzungen erfüllt sind (siehe Frage 104).

116. Welchen Kündigungsschutz haben Whistleblower?

Seit Juli 2023 gilt: Wer Missstände im Unternehmen meldet, genießt einen besonderen Kündigungsschutz durch das Hinweisgeberschutzgesetz (HinSchG).

Der Schutz greift **insbesondere bei Meldungen über**:

- Straftaten (Betrug, Korruption, Steuerhinterziehung),
- Verstöße gegen EU-Recht (Datenschutz, Produktsicherheit, Umweltschutz),
- sowie Gefährdungen der öffentlichen Gesundheit oder Sicherheit.

Der Kern des Schutzes ist das **Verbot von Repressalien** gemäß § 36 HinSchG. Jede Benachteiligung im Zusammenhang mit der beruflichen Tätigkeit, die eine Reaktion auf eine Meldung oder Offenlegung darstellt, ist verboten. Dies schließt insbesondere Kündigungen, aber auch Abmahnungen, Versetzungen oder die Nichtverlängerung befristeter Verträge ein. Die **entscheidende Neuerung ist die Beweislastumkehr:** Erleidet ein Hinweisgeber nach einer Meldung eine Benachteiligung (z.B. eine Kündigung), so wird gesetzlich vermutet, dass diese Benachteiligung eine Repressalie für die Meldung ist. Der Arbeitgeber hat in einem solchen Fall zu beweisen, dass die Maßnahme auch auf hinreichend gerechtfertigten, anderen Gründen beruhte (z.B. einer echten, von der Meldung völlig unabhängigen Betriebsschließung) oder dass sie nicht auf der Meldung basierte. Dieser hohe Beweisstandard stellt einen sehr starken Kündigungsschutz für Whistleblower dar.

G. Besondere rechtliche Konstellationen

117. Wie ist die Rechtslage bei einem Betriebsübergang?

Wird ein Betrieb verkauft oder übernommen, wechseln alle Arbeitnehmer automatisch zum neuen Inhaber über – mit allen Rechten und Pflichten. Die Arbeitsverträge laufen nahtlos weiter. Eine Kündigung »wegen des Betriebsübergangs« ist verboten und unwirksam (§ 613a BGB). **Typische Beispiele für komplette Betriebsübergänge:**

- Ein mittelständisches Unternehmen wird komplett an einen Investor verkauft → Alle 200 Mitarbeiter wechseln zum neuen Eigentümer.
- Eine Hotelkette übernimmt ein familiengeführtes Hotel → Das gesamte Personal vom Empfang bis zur Küche geht über.
- Ein insolventer Betrieb wird als Ganzes vom Insolvenzverwalter an einen Käufer veräußert → Komplette Belegschaft wechselt.

Der neue Arbeitgeber darf später aus anderen Gründen kündigen, etwa wenn er umstrukturiert. Aber er muss beweisen, dass dies nichts mit dem Betriebsübergang zu tun hat. Kündigungen kurz nach dem Übergang sind verdächtig und werden von den Arbeitsgerichten kritisch geprüft. **Das Widerspruchsrecht ist ein zweischneidiges Schwert.** Arbeitnehmer können binnen eines Monats nach vollständiger Information über den Betriebsübergang schriftlich widersprechen. Dann bleiben sie beim alten Arbeitgeber. Problematisch ist jedoch, dass der keinen Job mehr für sie hat (er hat ja verkauft!). Häufig folgt als Resultat dann eine betriebsbedingte Kündigung.

118. Was gilt bei einem Teilbetriebsübergang für die Sozialauswahl?

Ein **Teilbetriebsübergang bedeutet**: Nur ein organisatorisch eigenständiger Bereich wechselt den Inhaber, der Rest bleibt beim alten Arbeitgeber.
Typische Beispiele sind:

- Von drei Filialen wird nur eine verkauft.
- Die Kantine wird ausgelagert, die Produktion bleibt.
- Nur die LKW-Sparte wird veräußert, die PKW-Produktion läuft weiter.
- Die IT-Abteilung geht an einen Dienstleister, alle anderen Bereiche bleiben.

Die Arbeitsverhältnisse der diesem Teil zugeordneten Arbeitnehmer gehen gemäß § 613a BGB automatisch auf den Erwerber über. Insoweit hat das Bundesarbeitsgericht klargestellt: Wer zum übergehenden Teil gehört, bestimmt sich nach objektiven Kriterien, also danach, welcher Arbeitnehmer schwerpunktmäßig in dem betreffenden Bereich tätig war. Relevant wird die Sozialauswahl jedoch dann, wenn der bisherige Arbeitgeber im Zuge des Teilbetriebsübergangs in dem bei ihm verbleibenden Betriebsteil Kündigungen ausspricht. In diesem Fall muss er eine reguläre Sozialauswahl unter den dort verbliebenen, vergleichbaren Arbeitnehmern durchführen. Auch bei einem Teilbetriebsübergang können betroffene Arbeitnehmer dem Übergang widersprechen und beim alten Arbeitgeber bleiben. Der Vorteil gegenüber dem Komplettübergang: Der alte Arbeitgeber existiert noch mit seinem Restbetrieb, sodass theoretisch Weiterbeschäftigungsmöglichkeiten bestehen könnten.

119. Was ist bei Matrixstrukturen oder Konzernumstrukturierungen zu beachten?

Bei einer Matrixstruktur haben Mitarbeiter zwei Chefs: den disziplinarischen (z. B. Standortleiter Deutschland) und den fachlichen (z. B. globaler IT-Chef); typisch für internationale Konzerne.

> **Praxisbeispiel:**
> Die Konzernzentrale in New York beschließt: »Weltweit 10 % Stellenabbau!« Reicht das für eine Kündigung in Deutschland? Nein! Die deutsche GmbH muss konkret

> nachweisen, warum bei ihr Stellen wegfallen. Ein IT-Spezialist der deutschen Tochtergesellschaft berichtet fachlich an den globalen IT-Chef in London, disziplinarisch an den Geschäftsführer in München. London entscheidet: »Die IT wird zentralisiert.« Für die Kündigung muss die deutsche GmbH trotzdem darlegen, warum dadurch konkret dieser Arbeitsplatz in München entfällt – und kann nicht nur auf London verweisen.

Die Sozialauswahl erfolgt in der Regel nur innerhalb desselben Betriebes. Gibt es aber standortübergreifende oder konzernweite Versetzungsmöglichkeiten, muss geprüft werden, ob eine Weiterbeschäftigung möglich ist. Dies gilt insbesondere, wenn solche Versetzungsklauseln im Arbeitsvertrag enthalten sind, oder der Konzern einheitlich geführt wird. Auch die Beteiligungsrechte der Betriebsräte sind zu beachten. Bei Betriebsänderungen innerhalb von Konzernen ist oft der Gesamt- oder Konzernbetriebsrat zusätzlich einzubeziehen.

120. Besteht Kündigungsschutz bei einem Auslandseinsatz?

Das deutsche Kündigungsschutzrecht gilt nur für Betriebe in Deutschland. Bei einer Auslandstätigkeit kommt es auf die **konkrete Gestaltung** an. Zwei typische Konstellationen:

- **Entsendung:** Der Mitarbeiter bleibt organisatorisch dem deutschen Betrieb zugeordnet und wird nur vorübergehend ins Ausland geschickt (Projektleiter wird für zwei Jahre nach Dubai entsandt, bleibt aber bei der Münchner Zentrale angestellt. Folge: Voller KSchG-Schutz; Arbeitgeber muss betriebliche Gründe nachweisen).
- **Lokale Anstellung im Ausland:** Der Mitarbeiter ist direkt bei der ausländischen Tochtergesellschaft angestellt oder arbeitet dauerhaft in einer Auslandsniederlassung (Ingenieur hat Arbeitsvertrag mit der brasilianischen Tochter-GmbH. Folge: Deutsches KSchG gilt nicht, es zählt lokales Arbeitsrecht).

Die Pflicht zur Weiterbeschäftigung erstreckt sich nur auf freie Stellen im inländischen Unternehmen. Eine Versetzung nach Singapur statt Kündigung? Dies muss der Arbeitgeber nicht anbieten.

Praxistipp:
Bei grenzüberschreitenden Tätigkeiten sollte frühzeitig geprüft werden, welches Recht gilt. Arbeitgeber mit internationalen Standorten sollten klare arbeitsvertragliche Regelungen treffen, während betroffene Arbeitnehmer im Auslandseinsatz bei einer Kündigung genau hinschauen sollten, ob deutsches Kündigungsschutzrecht greift. Gegebenenfalls kann fachlicher Rat klären, ob trotz Auslandsbeschäftigung eine Kündigungsschutzklage in Deutschland Erfolg verspricht.

121. Können Kündigungen wegen Digitalisierung ausgesprochen werden?

Die bloße Einführung neuer Software oder digitaler Technik reicht nicht aus. Der Arbeitgeber muss konkret nachweisen, dass dadurch Arbeitsaufgaben dauerhaft und vollständig entfallen und damit konkret Arbeitsplätze nicht mehr benötigt werden.

Praxisbeispiel:
Ein Unternehmen führt eine Software ein, die die komplette Rechnungseingangsprüfung automatisch erledigt. Drei Sachbearbeiter haben bisher ausschließlich diese Aufgabe in Vollzeit gemacht. Ihre Stellen fallen weg; eine Kündigung kann gerechtfertigt sein. Aber: Prüfen die Sachbearbeiter künftig nur noch Sonderfälle und übernehmen zusätzlich andere Buchhaltungsaufgaben, liegt kein Wegfall vor.

Es muss somit stets geprüft werden, ob eine Weiterbeschäftigung auf einem anderen freien Arbeitsplatz im Betrieb oder Unternehmen möglich ist. Auch eine ordnungsgemäße Sozialauswahl bleibt erforderlich, sofern vergleichbare Arbeitnehmer beschäftigt sind und Arbeitsstellen nicht vollständig entfallen, sondern durch die Digitalisierung nur reduziert werden sollen.

Praxistipp:
Betriebs-/Personalräte sollten genau hinterfragen, ob tatsächlich ein vollständiger Arbeitsplatzabbau erfolgt oder lediglich Tätigkeiten verlagert oder neu strukturiert werden.

122. Wie wirken sich Automatisierung und KI aus?

Automatisierung und KI können zu betriebsbedingten Kündigungen führen. KI übernimmt immer mehr komplexe, »denkende« Tätigkeiten, die früher als nicht automatisierbar galten. **Beispiele hierfür sind:**

- Ein Chatbot ersetzt das komplette Kundenservice-Team der ersten Ebene (First-Level-Support).
- Eine KI-Software übernimmt die vollständige Auswertung von Röntgenbildern in der Radiologie.
- Roboter in der Logistik ersetzen alle Kommissionierer im Lager.
- Automatische Textgenerierung macht Routine-Berichterstattung überflüssig.

Die rechtlichen Hürden bleiben dieselben. Der Arbeitgeber muss beweisen, dass die Arbeitsplätze dauerhaft und vollständig entfallen. Werden Mitarbeiter nur für andere Aufgaben frei oder kontrollieren sie künftig die KI-Ergebnisse, liegt kein Kündigungsgrund vor. Die Einarbeitungszeit für neue Aufgaben kann bei K länger sein als bei normaler Digitalisierung. Trotzdem muss der Arbeitgeber Umschulungen prüfen, gerade wenn die KI nur Teilbereiche übernimmt und Mitarbeiter für höherwertige Tätigkeiten qualifiziert werden können.

> **Praxistipp:**
> Betriebsräte sollten nicht in eine »KI-Panik« verfallen. Oft werden Mitarbeiter nicht ersetzt, sondern arbeiten mit der KI zusammen. **Es gilt genau zu prüfen:** Wer trainiert die KI? Wer kontrolliert? Wer bearbeitet Ausnahmen? Diese Aufgaben rechtfertigen meist eine Weiterbeschäftigung.

123. Was gilt bei unternehmerischem Missmanagement?

Missmanagement allein ist kein Kündigungsgrund. Auch wenn die Geschäftsführung das Unternehmen durch Fehlentscheidungen in die Krise geführt hat, braucht es für eine Kündigung trotzdem eine konkrete Maßnahme, durch die Arbeitsplätze wegfallen.

> **Praxisbeispiel:**
> Die Geschäftsführung hat durch eine gescheiterte Expansion Millionen verloren. Jetzt wird die neu eröffnete Auslandsfiliale wieder geschlossen. Die Kündigung der

> dortigen Mitarbeiter kann gerechtfertigt sein – aber nicht, weil das Management versagt hat, sondern weil die Filiale tatsächlich schließt und die Arbeitsplätze wegfallen.

Eine Kündigung ist nur dann zulässig, wenn aufgrund einer unternehmerischen Entscheidung der Bedarf für bestimmte Tätigkeiten tatsächlich dauerhaft entfällt und nicht bloß ein wirtschaftliches Problem vorliegt. Der Arbeitgeber darf sich nicht allein auf seine schlechten unternehmerischen Entscheidungen berufen, sondern muss konkret darlegen, welche organisatorischen oder technischen Veränderungen vorgenommen wurden, um die Situation zu verbessern. Wichtig ist zudem, dass Arbeitgeber auch bei eigenem Missmanagement verpflichtet bleiben, eine sorgfältige Sozialauswahl durchzuführen und Weiterbeschäftigungsmöglichkeiten innerhalb des Betriebs oder Unternehmens zu prüfen.

> **Praxistipp:**
> Betriebsräte sollten hier besonders kritisch prüfen, ob tatsächlich eine nachhaltige betriebliche Entscheidung getroffen wurde oder lediglich kurzfristige Folgen von Managementfehlern auf Beschäftigte abgewälzt werden.

124. Was ist bei Kettenkündigungen im Konzern zu beachten?

Kettenkündigungen sind Kündigungswellen, die auf der Ebene einer Muttergesellschaft oder einer übergeordneten Holding ausgelöst werden und die durch mehrere Konzernunternehmen laufen – wie Dominosteine, die nacheinander fallen. Die Konzernholding beschließt etwa »20 % Stellenabbau deutschlandweit«, und jede der Tochtergesellschaften setzt das um. Bei Kettenkündigungen im Konzern bestehen jedoch erhöhte Anforderungen an die Begründung der Kündigungen, da jede einzelne Gesellschaft, die Kündigungen ausspricht, verpflichtet ist, im Detail nachzuweisen, wie genau sich die übergeordnete Entscheidung auf den Beschäftigungsbedarf im eigenen Betrieb auswirkt. Dazu gehört insbesondere die konkrete Beschreibung der wegfallenden Tätigkeiten, die organisatorischen Auswirkungen vor Ort sowie der Nachweis, dass eine Weiterbeschäftigung an anderen Standorten oder innerhalb anderer Konzernunternehmen nicht möglich ist. Zudem ist die Sozialauswahl innerhalb jeder einzelnen Tochtergesellschaft getrennt durchzuführen. Dabei sind auch Weiterbeschäftigungsmöglichkeiten innerhalb des Konzernverbunds – insbesondere aufgrund vertraglicher Versetzungsklauseln oder konzernweiter Praxis – sorgfältig zu prüfen. Wichtig bleibt auch die umfassende Beteiligung aller betroffenen Betriebsräte, einschließlich des Gesamt- oder Konzernbetriebsrats, wenn dieser nach dem Betriebsverfassungsgesetz einzubeziehen ist.

125. Was bedeutet »betriebsbedingte Änderungskündigung«?

Eine **Änderungskündigung** ist ein **»Entweder-oder-Angebot«**: Der Arbeitgeber kündigt den alten Arbeitsvertrag und bietet gleichzeitig einen neuen Arbeitsvertrag zu schlechteren Bedingungen an (§ 2 KSchG). Das Motto: »Ganz gehen oder zu neuen Bedingungen bleiben«. Typische Beispiele hierfür sind:

- Vollzeit-Stelle wird auf Teilzeit reduziert (statt Kündigung);
- Versetzung von München nach Hamburg (da Werk verlagert wird);
- Gruppenleiterin wird zur normalen Sachbearbeiterin (da Hierarchieebene entfällt);
- Gehaltskürzung um 20 % (da Auftragsrückgang).

Der **Arbeitgeber muss beweisen:** Die **alten Bedingungen sind betrieblich unmöglich** geworden, aber eine Beschäftigung zu geänderten Bedingungen ist möglich. Die betriebsbedingte Änderungskündigung ist das **»mildere Mittel« zur Beendigungskündigung.** Der Arbeitnehmer hat drei Reaktionsmöglichkeiten für Arbeitnehmer:

- **Annehmen:** Weiterarbeit zu den neuen Bedingungen → Arbeitsplatz gesichert, aber schlechtere Konditionen.
- **Ablehnen:** Das Arbeitsverhältnis endet komplett → Arbeitslosigkeit droht, wenn eine Kündigungsschutzklage erfolglos bleibt.
- **Unter Vorbehalt annehmen:** Weiterarbeit und gleichzeitige Klage. Bei Erfolg: Rückkehr zu alten Bedingungen. Bei Misserfolg: Wenigstens Job zu neuen Bedingungen behalten. Der Vorbehalt muss innerhalb von drei Wochen nach Zugang der Kündigung erklärt werden – am besten schriftlich!

Auch bei einer Änderungskündigung ist der Betriebs- bzw. Personalrat zwingend zu beteiligen und ordnungsgemäß anzuhören.

126. Können Aufhebungsverträge betriebsbedingt motiviert sein?

Ja, sie sind es sogar häufig. Bei Stellenabbau oder Umstrukturierungen bieten Arbeitgeber oft Aufhebungsverträge an: »Unterschreiben und Abfindung kassieren statt Kündigungsschutzklage erheben.« Der entscheidende Unterschied zur Kündigung ist, dass:

- Bei einer **Kündigung** eine Sozialauswahl nötig ist, der Kündigungsschutz greift und der Betriebsrat angehört werden muss.
- Bei einem **Aufhebungsvertrag** kann der Arbeitgeber frei wählen, wem er ein Angebot macht.

> **Praxisbeispiel:**
> Eine Abteilung wird verkleinert. Statt fünf Kündigungen mit unsicherer Sozialauswahl bietet der Arbeitgeber drei Mitarbeitern lukrative Aufhebungsverträge an. Die anderen beiden Arbeitnehmer bleiben.

Typischerweise werden in Aufhebungsverträgen folgende Punkt geregelt:

- Abfindung (oft höher als nach Kündigung);
- Bezahlte Freistellung bis zum Ende des Arbeitsverhältnisses;
- Sonderzahlungen;
- Gutes Arbeitszeugnis (konkrete Note und vollständige Schlussformel wird vereinbart);
- Eventuell Outplacement-Beratung;
- Regelung zum Dienstwagen/Handy.

Wer »freiwillig« unterschreibt, riskiert allerdings eine Sperrzeit und damit 12 Wochen ohne Arbeitslosengeld. Ausnahme: Eine rechtmäßige Kündigung stand unmittelbar bevor und die Abfindung übersteigt 0,5 Monatsgehälter pro Beschäftigungsjahr nicht.

> **Praxistipp:**
> Niemals sofort unterschreiben! Auch wenn Druck gemacht wird (»Das Angebot gilt nur heute«). Bedenkzeit fordern, rechtlich prüfen lassen. Ein schlecht verhandelter Aufhebungsvertrag kann teurer werden als eine Kündigung – trotz Abfindung. **Als Faustregel gilt:** Aufhebungsvertrag nur, wenn die Alternative (Kündigung mit Klage) schlechter wäre.

127. Wie sind »Massenentlassungen« geregelt?

Massenentlassungen sind Kündigungswellen, bei denen viele Mitarbeiter innerhalb von 30 Tagen gehen müssen. Ab wann es eine »Massenentlassung« ist, hängt von der Betriebsgröße ab. Die Schwellenwerte sind in § 17 KSchG geregelt:

- Bei 21–59 Beschäftigten: ab 6 Kündigungen.
- Bei 60–499 Beschäftigten: ab 10 % der Belegschaft oder mehr als 25 Kündigungen.
- Ab 500 Beschäftigten: ab 30 Kündigungen.

Das **Pflichtverfahren besteht aus zwei Stufen:**

- **Stufe 1: Konsultation mit dem Betriebsrat:** Der Arbeitgeber muss vor den Kündigungen mit dem Betriebsrat beraten:
  - schriftliche Information über geplante Entlassungen;
  - gemeinsame Suche nach Alternativen (Kurzarbeit, Versetzungen, Umschulungen);
  - Betriebsrat macht Vorschläge zur Vermeidung oder Milderung;
  - ernsthafte Prüfung durch den Arbeitgeber.
- **Stufe 2: Anzeige bei der Arbeitsagentur:** Erst nach der Betriebsratsberatung folgt die Meldung an die Agentur für Arbeit.

> **Praxistipp:**
> Ohne ein ordnungsgemäß durchgeführtes Konsultationsverfahren sind spätere Kündigungen in der Regel unwirksam. Betriebsräte sollten daher darauf achten, dass das Verfahren vollständig und transparent durchgeführt wird, um betroffene Beschäftigte zu schützen.

128. Was ist eine »Massenentlassungsanzeige« nach § 17 KSchG?

Die Massenentlassungsanzeige ist die Pflichtmeldung an die Agentur für Arbeit bei größeren Kündigungswellen, wenn also eine bestimmte Anzahl betriebsbedingter Kündigungen innerhalb von 30 Tagen ausgesprochen werden soll. Sie dient der frühzeitigen Information der Behörde, damit diese auf drohende Arbeitslosigkeit reagieren und Vermittlungsmaßnahmen einleiten kann. Eine Anzeige muss die folgenden Punkte enthalten:

- Anzahl der geplanten Kündigungen;
- betroffene Berufsgruppen (z. B.»15 Monteure, 8 Verwaltungskräfte«);
- Gesamtzahl der Beschäftigten im Betrieb;
- Kündigungsgründe (betriebliche Maßnahme);
- geplanter Zeitraum der Kündigungen;
- Stellungnahme des Betriebsrats oder Nachweis, dass er informiert wurde.

Die Anzeige ist keine unwichtige Formalie. Kündigungen, die vor oder ohne wirksame Massenentlassungsanzeige ausgesprochen werden, sind unwirksam. Arbeitgeber müssen daher genau auf den richtigen Zeitpunkt und vollständige Angaben achten. Betriebsräte haben mittels der Stellungnahme die Chance, Alternativen zu den beabsichtigten Kündigungen aufzuzeigen.

129. Gelten besondere Regeln bei betriebsbedingten Kündigungen in kirchlichen Einrichtungen?

Bei betriebsbedingten Kündigungen kaum. Wer in einem Krankenhaus der Caritas oder in einem Diakonie-Altenheim arbeitet, hat denselben Kündigungsschutz wie in jedem anderen Betrieb. **Was ist anders:**

- **Statt Betriebsrat**: Mitarbeitervertretung (MAV) nach kirchlichem Arbeitsrecht.
- **Statt BetrVG:** eigene Mitarbeitervertretungsordnung/-gesetz (MAVO/MVG).
- Die MAV muss vor jeder Kündigung angehört werden – sonst ist sie unwirksam.

> **Praxisbeispiel:**
> Ein katholisches Krankenhaus schließt die Geburtsstation. Die Hebammen können betriebsbedingt gekündigt werden – genau wie in einem städtischen Krankenhaus. Die MAV muss angehört werden (wie sonst der Betriebsrat); die Sozialauswahl läuft normal; Kündigungsschutzklage beim Arbeitsgericht ist möglich.

Die **besonderen kirchlichen Loyalitätspflichten** spielen bei betriebsbedingten Kündigungen keine Rolle. **Ausgenommen vom KSchG** sind nur bestimmte Personengruppen wie Geistliche oder Ordensangehörige, da sie nicht als Arbeitnehmer im Sinne des Gesetzes gelten. Insofern haben ca. 95 % der kirchlichen Mitarbeiter (Pfleger, Erzieher, Verwaltung, Hausmeister) bei betriebsbedingten Kündigungen dieselben Rechte wie alle anderen Arbeitnehmer auch.

H. Prävention und Alternativen zur Kündigung

130. Welche Alternativen zur betriebsbedingten Kündigung gibt es?

Kündigung ist das letzte Mittel. Der Arbeitgeber muss vorher alle milderen Maßnahmen prüfen. Eine Kündigung ohne diese Prüfung ist unwirksam. Die wichtigsten Alternativen sind:

- **Arbeitszeit reduzieren:** Überstundenabbau, Kurzarbeit (Staat zahlt mit), freiwillige Teilzeit, Arbeitszeitkonten ins Minus.
- **Personal flexibel einsetzen:** Interne Versetzungen, Umschulung für neue Aufgaben, Leiharbeiter zurückgeben, befristete Verträge auslaufen lassen.
- **Freiwillige Lösungen schaffen:** Altersteilzeit, Vorruhestand, Aufhebungsverträge mit Abfindung, oder Freiwilligenprogramme (»Wer geht gegen Abfindung?«).

> **Praxisbeispiel:**
> Auftragsrückgang um 30 %. Statt 5 Kündigungen: Erst Kurzarbeit für alle; zwei Mitarbeiter gehen freiwillig in Altersteilzeit; drei wählen einen Aufhebungsvertrag. Ergebnis: Keine einzige Kündigung nötig.

Diese Instrumente ermöglichen einen sozialverträglichen Abbau von Personal ohne Zwangskündigungen. Arbeitgeber müssen konkret **nachweisen**, dass sie diese Alternativen ernsthaft geprüft und ausgeschöpft haben.

> **Praxistipp:**
> Betriebs- oder Personalräte sollten bei jeder betriebsbedingten Kündigung kritisch hinterfragen, ob wirklich alle milderen Maßnahmen berücksichtigt wurden.

131. Welche Rolle spielen »interne Arbeitsmärkte« oder Clearingstellen bei der Vermeidung von Kündigungen?

Interne Arbeitsmärkte sind eine Art »Warteschleife« für Mitarbeiter, deren Stellen wegfallen. Statt einer Kündigung kommen sie in einen Pool und werden intern weitervermittelt. Große Konzerne nutzen diese Vorgehensweise häufig. Ziel ist es, Personalabbau sozialverträglich zu gestalten und Fachkräfte zu halten. Die Vorgehensweise ist dabei meist so, dass eine Abteilung geschlossen wird, die betroffenen Arbeitnehmer in die Clearingstelle kommen, dort erhalten sie Zeit (oft 6–12 Monate), bewerben sich intern auf freie Stellen und erhalten eine Qualifizierung für neue Aufgaben.

> **Praxisbeispiel:**
> Ein Automobilkonzern schließt die Motorenentwicklung. 50 Ingenieure kommen in den internen Arbeitsmarkt. Innerhalb eines Jahres: 30 wechseln in die E-Mobilität, 15 in andere Bereiche, 5 gehen freiwillig. Keine Kündigung nötig.

Diese Instrumente ersetzen jedoch nicht die gesetzlichen Kündigungsschutzpflichten des Arbeitgebers. Die Rechtsprechung betont, dass die Verantwortung nicht auf den Mitarbeiter abgewälzt werden darf. Der Arbeitgeber behält eine aktive und nachweisbare Suchpflicht nach zumutbaren freien Stellen im gesamten Unternehmen. Diese Pflicht umfasst auch Arbeitsplätze zu geänderten, sogar zu schlechteren Bedingungen. In einem solchen Fall muss der Arbeitgeber eine Änderungskündigung anstelle einer Beendigungskündigung aussprechen. Für Betriebsräte ist es daher wichtig, bei der Einrichtung solcher Clearingstellen auf verbindliche Prozessregeln, etwa für Qualifizierungen und Vermittlungskriterien, zu bestehen.

132. Was bedeutet Kurzarbeit in diesem Kontext?

Kurzarbeit ist die erste Alternative zur betriebsbedingten Kündigung: Statt Mitarbeiter zu entlassen, wird die Arbeitszeit reduziert. Der Staat springt ein und zahlt Kurzarbeitergeld. Nach der Krise arbeiten alle wieder normal weiter.

Praxisbeispiel:
Normal: 40 Stunden Arbeit = 3000 € netto
Kurzarbeit »Null«: 0 Stunden Arbeit = 1800 € (60 %) bzw. 2010 € (67 % mit Kind)
Kurzarbeit 50 %: 20 Stunden Arbeit = 1500 € Lohn + 900 € Kurzarbeitergeld = 2400 €

Die Voraussetzungen von Kurzarbeit sind:

- Arbeitsausfall beruht auf wirtschaftlichen Gründen oder auf einem unabwendbaren Ereignis (z. B. Hochwasser, behördliche Anordnung),
- Arbeitsausfall ist unvermeidbar,
- nur vorübergehender Arbeitsausfall (nicht dauerhaft!),
- Anzeige bei der Arbeitsagentur,
- und Arbeitsausfall ist erheblich (mindestens 33 % der Arbeitnehmer betroffen von einem Entgeltausfall von mehr als 10 % des Bruttomonatsgehalts).

Kurzarbeit schützt aber nicht vor einer Kündigung. Wird aus der vorübergehenden eine dauerhafte Krise, kann trotz Kurzarbeit gekündigt werden. Die Hürden sind aber höher und der Arbeitgeber muss begründen, warum Kurzarbeit nicht mehr ausreicht. Die genaue Umsetzung erfolgt häufig in enger Abstimmung mit dem Betriebs- oder Personalrat und wird meist in Betriebsvereinbarungen, Tarifverträgen oder im Arbeitsvertrag geregelt. Denn der Arbeitgeber benötigt eine **Rechtsgrundlage** für ein Einführung von Kurzarbeit.

133. Kann der Arbeitgeber die Arbeitszeit einseitig reduzieren, anstatt eine betriebsbedingte Kündigung auszusprechen?

Nein, eine einseitige, dauerhafte Reduzierung der vertraglich vereinbarten Arbeitszeit (und des entsprechenden Gehalts) durch den Arbeitgeber ist nicht zulässig. Die wöchentliche Arbeitszeit ist ein wesentlicher Bestandteil des Arbeitsvertrags und kann nicht durch das bloße Weisungsrecht des Arbeitgebers geändert werden. Will der Arbeitgeber die Arbeitszeit dauerhaft reduzieren, muss er den **formellen Weg der Änderungskündigung** gehen:

- Kündigung des alten Arbeitsvertrags;
- gleichzeitiges Angebot eines neuen Vertrags mit weniger Stunden;

- Arbeitnehmer entscheidet: Annehmen, Ablehnen oder unter Vorbehalt Annehmen.

Diese Änderungskündigung unterliegt der vollen gerichtlichen Kontrolle nach dem Kündigungsschutzgesetz. Der Arbeitgeber muss beweisen, dass dringende betriebliche Erfordernisse vorliegen, die eine Beschäftigung zur bisherigen Arbeitszeit unmöglich machen, eine Beschäftigung mit reduzierter Stundenzahl aber weiterhin möglich ist. Die Änderungskündigung hat als milderes Mittel stets Vorrang vor einer vollständigen Beendigungskündigung.

134. Können Versetzungen vorgezogen werden?

Versetzung geht vor Kündigung, das ist Pflicht! Der Arbeitgeber muss jeden freien Arbeitsplatz im Unternehmen prüfen, bevor er kündigt. Findet sich ein passender Arbeitsplatz, verbietet sich eine Kündigung. »**Passend**« heißt, dass

- der Arbeitnehmer die Aufgaben nach kurzer Einarbeitung erledigen kann;
- keine völlig andere Qualifikation nötig ist (ein Buchhalter muss etwa nicht Elektriker werden);
- eine Stelle frei ist bzw. demnächst frei wird (z. B. Eigenkündigung; Kollege geht in Rente).

> **Praxistipp:**
> Betriebs- oder Personalräte sollten genau prüfen, ob der Arbeitgeber tatsächlich alle Versetzungsmöglichkeiten sorgfältig erwogen hat. Sie sollten sich den Stellenplan vorlegen lassen, und sich die folgenden Fragen stellen: Welche Stellen sind frei? Welche werden frei? Wurde eine Versetzung angeboten? Warum wurde sie abgelehnt?

135. Was ist eine Beschäftigungs- und Qualifizierungsgesellschaft (BQG) oder Transfergesellschaft und welche Rolle spielt sie bei Personalabbaumaßnahmen?

Eine Beschäftigungs- und Qualifizierungsgesellschaft, meist als Transfergesellschaft bezeichnet, ist eine »Auffanggesellschaft« bei Massenentlassungen (oft in Form einer GmbH). Statt direkt arbeitslos zu werden, wechseln Betroffene für eine bestimmte Zeit in diese Gesellschaft. Dort werden sie qualifiziert und bei der Jobsuche unterstützt. Der Prozess läuft typischerweise ab wie folgt:

- Arbeitgeber, Arbeitnehmer und Transfergesellschaft schließen einen dreiseitigen Vertrag;
- das Arbeitsverhältnis mit dem ursprünglichen Arbeitgeber wird einvernehmlich beendet;
- gleichzeitig wird ein neues in der Regel auf 12 Monate befristetes Arbeitsverhältnis mit der Transfergesellschaft begründet.

Während dieser Zeit erhalten die Arbeitnehmer kein Gehalt, sondern Transferkurzarbeitergeld von der Agentur für Arbeit (welches vom Arbeitgeber oft aufgestockt wird) und nehmen an Qualifizierungs-, Weiterbildungs- und Bewerbungstrainingsmaßnahmen teil. Die Einrichtung einer Transfergesellschaft ist ein zentraler Bestandteil vieler Sozialpläne, die zwischen Arbeitgeber und Betriebsrat im Rahmen von Betriebsänderungen verhandelt werden. Das Ziel des Betriebsrats muss es dabei sein, einen möglichst hohen Arbeitgeberzuschuss zu erreichen.

136. Welche Rolle spielt eine Qualifizierung/ Weiterbildung?

Qualifizierung und Weiterbildung spielen im Zusammenhang mit betriebsbedingten Kündigungen eine wichtige präventive Rolle. Arbeitgeber sind verpflichtet, vor Ausspruch einer Kündigung auch die Möglichkeit einer Qualifizierung ernsthaft zu prüfen. Hintergrund ist, dass Beschäftigte durch gezielte Weiterbildungsmaßnahmen befähigt werden können, neue oder veränderte Aufgaben im Betrieb oder Unternehmen zu übernehmen, zum Beispiel:

- Sachbearbeiter Einkauf → SAP-Schulung → Sachbearbeiter Controlling;
- Monteur → Staplerführerschein → Lagerlogistik;
- Sekretärin → Office-365-Kurs → Digitale Assistenz.

Dabei kommen sowohl innerbetriebliche Maßnahmen wie Schulungen oder Training-on-the-job in Betracht, als auch externe Umschulungen, Zertifikatskurse oder Qualifizierungsprogramme. Entscheidend ist, dass die Qualifizierung geeignet ist, Beschäftigte nachhaltig für andere verfügbare Tätigkeiten zu befähigen. Ist eine Weiterbildung zumutbar und erfolgversprechend, hat sie grundsätzlich Vorrang vor einer Kündigung.

> **Praxistipp:**
> Betriebs- und Personalräte sollten darauf achten, dass Arbeitgeber entsprechende Qualifizierungen sorgfältig prüfen, dokumentieren und nicht vorschnell ausschließen.

137. Wie können Betriebsvereinbarungen dabei helfen Kündigungen zu vermeiden?

Betriebsvereinbarungen sind ein zentrales Mittel der betrieblichen Mitbestimmung und können erheblich dazu beitragen, betriebsbedingte Kündigungen zu vermeiden oder deren Folgen sozialverträglich zu gestalten. In ihnen können vielschichte Regelungen vereinbart werden:

- **Flexible Arbeitszeit statt Kündigung:**
- Arbeitszeitkonten (Aufbau in guten, Abbau in schlechten Zeiten);
- Kurzarbeitsregelungen (wer, wann, wie lange?);
- Freiwillige Teilzeit-Option bei Auftragsmangel.

Beschäftigungssicherung:

- Kündigungsverzicht für 2–3 Jahre;
- Vorrang interner Bewerber bei freien Stellen;
- Qualifizierung statt Kündigung bei Umstrukturierung.
- **Sozialverträglicher Abbau:**
  - Freiwilligenprogramme;
  - Altersteilzeit-Angebote;
  - Punktesystem für faire Sozialauswahl.

Solche Regelungen schaffen Transparenz und Vertrauen, stärken die Handlungsfähigkeit des Betriebsrats, und eröffnen dem Arbeitgeber steuerbare

Alternativen zur Kündigung. Wichtig ist, dass Betriebsvereinbarungen nicht nur reaktiv, sondern möglichst vorausschauend im Rahmen einer strategischen Personalplanung abgeschlossen werden. Betriebsräte sollten frühzeitig die Initiative ergreifen und auf proaktive Verhandlungen zur Krisenprävention hinwirken.

138. Können in Tarifverträgen oder Betriebsvereinbarungen zur Standortsicherung betriebsbedingte Kündigungen ausgeschlossen werden?

»Keine betriebsbedingten Kündigungen bis 2027.« – ein derartiger Ausschluss betriebsbedingter Kündigungen ist ein Kernbestandteil von sogenannten **Standortsicherungs- oder Beschäftigungssicherungsvereinbarungen**. Solche Vereinbarungen werden häufig in Form von Tarifverträgen oder Betriebsvereinbarungen zwischen der Unternehmensleitung und den Arbeitnehmervertretern (Gewerkschaft, Betriebsrat) geschlossen, insbesondere in wirtschaftlich schwierigen Zeiten. Das **Prinzip** ist ein **»Pakt für Arbeit«**. Die Belegschaft leistet einen Beitrag zur Kostensenkung oder Flexibilisierung (z. B. durch Verzicht auf Lohnerhöhungen, unbezahlte Mehrarbeit oder flexible Arbeitszeitkonten). Im Gegenzug verpflichtet sich der Arbeitgeber, für die Laufzeit der Vereinbarung auf betriebsbedingte Kündigungen zu verzichten und Investitionen am Standort zu tätigen. Solche Vereinbarungen sind rechtlich bindend. Eine Kündigung, die gegen einen solchen vereinbarten Ausschluss verstößt, ist unwirksam. Allerdings enthalten solche Verträge oft sogenannte »Notfallklauseln«, die eine Anpassung oder Kündigung der Vereinbarung ermöglichen, wenn sich die wirtschaftliche Geschäftsgrundlage unvorhersehbar und gravierend verschlechtert.

I. Praktische Tipps

139. Welche Unterlagen sollten Beschäftigte aufbewahren?

Beschäftigte sollten wichtige Unterlagen rund um ihr Arbeitsverhältnis sorgfältig und systematisch aufbewahren – insbesondere dann, wenn eine betriebsbedingte Kündigung im Raum steht oder bereits erfolgt ist. Dazu gehören:

- **Arbeitsvertrag** und **Nachträge**, etwa zu Arbeitszeit, Einsatzort oder Befristung;
- **Gehaltsabrechnungen** und ggf. Prämiennachweise, etwa zur Berechnung einer Abfindung oder für die Agentur für Arbeit;
- **Schriftverkehr mit dem Arbeitgeber**, z. B. E-Mails oder Briefe zu Umstrukturierungen, Versetzungen oder Veränderungen des Aufgabenbereichs;
- **Nachweise über Unterhaltspflichten**, wie Geburtsurkunden von Kindern oder Kindergeldbescheide – relevant für die Sozialauswahl;
- **Schwerbehindertenausweis** oder **Gleichstellungsbescheid** – ebenfalls wichtig für die Sozialauswahl und den besonderen Kündigungsschutz;
- **Arbeitszeitnachweise** oder **Tätigkeitsbeschreibungen**, wenn sich aus dem tatsächlichen Einsatz eine andere Bewertung ergibt als im Arbeitsvertrag;
- **Betriebsvereinbarungen, Tarifverträge oder Sozialpläne**, soweit verfügbar;
- **Beendigungsunterlagen**, etwa das Kündigungsschreiben, ein mögliches Abfindungsangebot, ein Zwischenzeugnis oder ein endgültiges Arbeitszeugnis.

Diese Unterlagen sind eine wichtige Grundlage für die Klärung rechtlicher Fragen.

140. Muss oder sollte man den Erhalt des Kündigungsschreibens unterschreiben?

Nein, es besteht keine rechtliche Verpflichtung, den Erhalt einer Kündigung zu quittieren. Der Nachweis des Zugangs ist allein Sache des Arbeitgebers. Arbeitnehmer sollten nichts vorschnell unterschreiben! In der Stresssituation werden leicht versteckte Zusätze oder weitergehende Erklärungen übersehen, die über eine reine Empfangsbestätigung hinausgehen.
Das richtige Vorgehen:
- **Beste Option**: Die Unterschrift höflich verweigern und umgehend rechtlichen Rat einholen.
- **Bei starkem Druck:** Falls eine Unterschrift unvermeidbar erscheint, dann ausschließlich mit dem handschriftlichen Zusatz: »Nur Erhalt bestätigt, mit dem Inhalt nicht einverstanden.«

Im Zweifel nichts unterschreiben; es besteht keine Pflicht dazu und unnötige Risiken werden vermieden.

141. Wie sollte man sich in einem Kündigungsgespräch verhalten?

Ein Kündigungsgespräch ist emotional belastend und oft überraschend. Diese Verhaltensregeln helfen, keine folgenschweren Fehler zu machen:
Grundregeln für das Gespräch:
- ruhig bleiben, auch wenn die Nachricht schockiert;
- Nichts unterschreiben – weder Empfangsbestätigung, Aufhebungsvertrag noch Abwicklungsvertrag;
- Nichts anerkennen oder bestätigen;
- um Bedenkzeit bitten, wenn Druck ausgeübt wird;
- das Gespräch notfalls höflich abbrechen.
- **Gezielte Fragen stellen und dokumentieren:**
  - Aus welchem Grund erfolgt die Kündigung?
  - Wann genau endet das Arbeitsverhältnis?

  - Wurde der Betriebsrat ordnungsgemäß beteiligt?
  - Wurden andere Beschäftigungsmöglichkeiten geprüft?
  - Wie wurde die Sozialauswahl durchgeführt?
  - Wer spricht die Kündigung aus, ist diese Person berechtigt?
  - Alle Antworten möglichst mitschreiben, oder direkt im Anschluss protokollieren.
- **Unterstützung organisieren:**
  - Betriebsratsmitglied als Beistand hinzuziehen;
  - notfalls um Verschiebung des Gesprächs mit Beistand bitten;
  - bei Überforderung: Gespräch abbrechen und Bedenkzeit einfordern.

Nach dem Gespräch gilt:
Auch wenn das Gespräch ruhig verläuft, sollte man anschließend die Kündigung prüfen lassen, um Fristen zu wahren und rechtzeitig über eine Kündigungsschutzklage zu entscheiden. Eine frühe arbeitsrechtliche Beratung ist dabei sehr zu empfehlen.

142. Was sollte man im Kündigungsschreiben prüfen?

Ein Kündigungsschreiben sollte immer sorgfältig geprüft werden, auch wenn es auf den ersten Blick formal korrekt wirkt. Dabei sollten folgende Punkte geprüft werden:

- **Schriftform und Unterschrift**: Die Kündigung muss auf Papier mit Originalunterschrift vorliegen (§ 623 BGB). E-Mail, Fax, WhatsApp oder SMS sind unwirksam – selbst wenn der Inhalt eindeutig ist.
- **Zugangsdatum dokumentieren:** Wann genau ist die Kündigung im Briefkasten eingeworfen (Datum und Uhrzeit), oder persönlich übergeben worden?
- **Kündigungsberechtigung:** Wer hat unterschrieben? Ist diese Person kündigungsberechtigt?
- **Kündigungsfrist und -termin:** Stimmt die angegebene Frist? Ist der Beendigungstermin korrekt berechnet? Fehler können zur Unwirksamkeit führen oder den Beendigungszeitpunkt verschieben.
- **Kündigungsgrund (falls angegeben):** Auch wenn das Kündigungsschreiben keine Begründung enthalten muss (außer z.B. bei Auszubildenden oder Schwangeren), kann ein Hinweis auf den Kündigungsgrund – etwa »betriebsbedingt« – für die rechtliche Beurteilung relevant sein.

Praxistipp:
Bei Verdacht auf Fehler (wie z. B. unklare Kündigungsfrist, falscher Ansprechpartner, fehlende Unterschrift) sollte rasch rechtlicher Rat eingeholt werden. Wer eine Kündigungsschutzklage in Erwägung zieht, sollte alle Details dokumentieren – inklusive Umschlag, Zustellweg und Datum.

143. Welche Fristen muss man kennen?

Im Zusammenhang mit dem Ausspruch einer Kündigung sollten Beschäftigte einige wichtige Fristen **unbedingt beachten**:

- **Klagefrist (§ 4 KSchG):** Wer sich gegen eine Kündigung wehren will, muss innerhalb von drei Wochen nach Zugang der Kündigung Kündigungsschutzklage beim Arbeitsgericht einreichen. Nach Ablauf der Frist gilt die Kündigung als wirksam, selbst wenn sie rechtswidrig ist.
- **Zurückweisung wegen fehlender Vollmacht (§ 174 BGB):** Wird die Kündigung durch eine nicht bevollmächtigte Person ausgesprochen (etwa durch einen externen Anwalt ohne Vollmachtsurkunde im Original), kann sie unverzüglich zurückgewiesen werden. Unverzüglich bedeutet ohne schuldhaftes Zögern – nach ständiger Rechtsprechung in der Regel binnen einer Woche.
- **Vertragliche oder tarifliche Fristen:** Im Arbeits- oder Tarifvertrag können besondere Kündigungsfristen oder Ausschlussfristen für Ansprüche geregelt sein, z. B. für Überstundenvergütung, Sonderzahlungen, Urlaub.
- **Widerspruch des Betriebsrats (§ 102 Abs. 3 BetrVG):** Will der Betriebsrat einer ordentlichen Kündigung wirksam widersprechen, muss er dies innerhalb einer Woche schriftlich und unter Angabe eines gesetzlichen Widerspruchsgrundes tun. Nur dann besteht ein Weiterbeschäftigungsanspruch nach § 102 Abs. 5 BetrVG, wenn der Arbeitnehmer fristgerecht Klage erhebt. Der Betriebsrat ist darüber hinaus berechtigt, den betroffenen Arbeitnehmer zu der beabsichtigten Kündigung anzuhören.

144. Kann man eine Kündigungsschutzklage auch selbst einreichen und ist das ratsam?

In der ersten Instanz vor dem Arbeitsgericht besteht kein Anwaltszwang. Arbeitnehmer können ihre Klage selbst einreichen – entweder schriftlich, oder sie bei der Rechtsantragstelle des Arbeitsgerichts zu Protokoll geben, in welcher ein Rechtspfleger bei der Formulierung hilft. Arbeitnehmern ist jedoch **dringend davon abzuraten**, ihre Kündigungsschutzklage selbst einzureichen. Die Gründe:

- **Waffenungleichheit:** Der Arbeitgeber hat meistens spezialisierte Anwälte oder erfahrene Personalabteilungen auf seiner Seite.
- **Komplexität:** Das Arbeitsrecht steckt voller prozessualer Fallstricke, die Laien kaum überblicken können.
- **Verhandlungsnachteil:** Bei Abfindungsverhandlungen fehlt ohne Fachkenntnis jede Verhandlungsmacht.
- **Risiko von Fehlern:** Fristen können übersehen werden und es besteht die Gefahr falscher rechtlicher Argumentation.

> **Praxistipp:**
> Die Investition in eine professionelle Vertretung zahlt sich fast immer aus, sei es durch den Erhalt des Arbeitsplatzes oder durch eine deutlich höhere Abfindung. Spätestens in der zweiten Instanz vor dem Landesarbeitsgericht ist die anwaltliche Vertretung ohnehin zwingend vorgeschrieben.

145. Welche Beratungsstellen helfen weiter?

Wer eine Kündigung erhalten hat oder sich unsicher ist, wie er reagieren soll, kann auf verschiedene Beratungsstellen zurückgreifen – je nach Situation, Branche und persönlichem Hintergrund:

- Gewerkschaften (z. B. ver.di, IG Metall, IG BCE): bieten ihren Mitgliedern arbeitsrechtliche Beratung und auch Rechtsschutz bei Kündigungsschutzklagen.
- Betriebs- oder Personalrat: die erste Anlaufstelle im Betrieb. Kann die Hintergründe der Kündigung einordnen und ggf. prüfen, ob eine Sozialauswahl korrekt durchgeführt wurde. Auch ein Widerspruch nach § 102 BetrVG wird durch den Betriebsrat erklärt.

- Schwerbehindertenvertretung (SBV): unterstützt Menschen mit Schwerbehinderung oder Gleichstellung bei Fragen zum besonderen Kündigungsschutz und verweist gegebenenfalls auf weiterführende Stellen.
- Agentur für Arbeit: hilft bei der Arbeitslosmeldung, klärt Fragen zu Sperrzeiten, Abfindungen und beruflicher Neuorientierung.
- Fachanwälte für Arbeitsrecht: prüfen die Kündigung und mögliche Ansprüche individuell – oft auch im Rahmen einer Erstberatung.
- Kirchliche oder kommunale Beratungsstellen: bieten in vielen Regionen kostenfreie Sozialberatung an, etwa bei Kündigung, Schulden oder psychosozialer Belastung.

146. Was bedeutet »bezahlte Freistellung« während der Kündigungsfrist?

Bei einer bezahlten Freistellung wird der Arbeitnehmer von der Arbeitspflicht entbunden, erhält aber weiterhin sein volles Gehalt bis zum Ende der Kündigungsfrist. Das Arbeitsverhältnis besteht rechtlich fort, nur ohne Arbeitsleistung. Es gibt **zwei Varianten mit unterschiedlichen Folgen:**

- **Widerrufliche Freistellung:**
  - Der Arbeitgeber kann den Arbeitnehmer jederzeit zur Arbeit zurückrufen.
  - Der Arbeitnehmer muss erreichbar und verfügbar bleiben.
  - Eine neue Tätigkeit ist praktisch nicht möglich.
  - Ist seltener in der Praxis.
- **Unwiderrufliche Freistellung:**
  - Endgültige Entbindung von der Arbeitspflicht.
  - Neue Tätigkeit ist grundsätzlich möglich.
  - Ist die Standardvariante bei einvernehmlichen Trennungen.
  - Bietet mehr Planungssicherheit für beide Seiten.

Dabei sind wichtige Regelungspunkte zu beachten:

- **Resturlaub:** wird oft mit der Freistellung verrechnet – aber nur, wenn dies ausdrücklich ausgesprochen oder vereinbart ist. Ohne klare Regelung verfällt der Urlaubsanspruch nicht.
- **Neue Tätigkeit:** bei unwiderruflicher Freistellung erlaubt, aber Vorsicht: vertragliches Wettbewerbsverbot beachten und prüfen, ob Anrechnung des neuen Gehalts vereinbart wurde.

- **Sozialversicherung:** läuft normal weiter, alle Beiträge werden abgeführt. Keine Lücke im Versicherungsschutz.
- **Firmeneigentum:** Laptop, Dienstwagen und Handy müssen meist sofort zurückgeben werden, allerdings sind abweichende Handhabungen und Details in einer Freistellungsvereinbarung regelbar.

Die Art der Freistellung und alle weiteren Details sollten schriftlich fixiert werden. Bei einer unwiderruflichen Freistellung kann die Zeit optimal für die Jobsuche und Vorstellungsgespräche genutzt werden.

147. Welche Rechte haben Beschäftigte gegenüber der Agentur für Arbeit?

Auch nach einer Kündigung haben Beschäftigte gegenüber der Agentur für Arbeit klare Rechte und sollten diese aktiv wahrnehmen:

- **Anspruch auf Arbeitslosengeld (ALG I)**: Wer innerhalb der letzten 30 Monate mindestens 12 Monate versicherungspflichtig beschäftigt war, hat bei Arbeitslosigkeit Anspruch auf ALG I (§ 137 SGB III). Die Höhe beträgt in der Regel 60 % (bzw. 67 % mit Kind) des Nettolohns der letzten 12 Monate.
- **Anspruch auf Beratung:** Die Beschäftigten haben Anspruch auf eine individuelle Arbeits- und Berufsberatung, etwa zur Klärung von Weiterbildungs-, Vermittlungs- oder Fördermöglichkeiten (§§ 29 ff. SGB III). Auch die Prüfung von Umschulungen oder Förderprogrammen zählt dazu.
- **Keine Sanktionen ohne Anhörung:** Wird eine Sperrzeit geprüft (z. B. bei Eigenkündigung oder Aufhebungsvertrag), muss die Agentur für Arbeit vorab eine Anhörung durchführen. Betroffene haben das Recht, ihre Sicht darzulegen und Unterlagen vorzulegen.
- **Akteneinsicht und Rechtsmittel:** Beschäftigte können Akteneinsicht verlangen und haben das Recht, gegen Bescheide Widerspruch einzulegen oder Klage beim Sozialgericht zu erheben.
- **Datenschutz:** Die Agentur für Arbeit darf nur Daten erheben und verarbeiten, die zur Aufgabenerfüllung erforderlich sind (§ 67a SGB X). Unberechtigte Weitergaben können beanstandet werden.

Praxistipp:
Eine frühzeitige Meldung als arbeitssuchend (meist spätestens drei Tage nach Zugang der Kündigung) ist Voraussetzung für einen reibungslosen Leistungsbezug. Andernfalls droht eine Sperrzeit wegen eines Meldeversäumnisses.

148. Was passiert mit der Krankenversicherung nach Ende des Arbeitsverhältnisses?

Eine Versicherungslücke droht Beschäftigten nicht. Das deutsche System sichert den lückenlosen Krankenversicherungsschutz durch zwei Mechanismen:

- **Stufe 1 – Der erste Monat (automatisch):** Nach Ende des Arbeitsverhältnisses läuft der volle Versicherungsschutz bis zu einem Monat beitragsfrei weiter (nachgehender Leistungsanspruch nach § 19 Abs. 2 SGB V). Das passiert automatisch, ohne dass der Arbeitnehmer etwas tun muss.
- **Stufe 2 – Ab Arbeitslosmeldung:** Die zweite Stufe wird durch die Meldung bei der Agentur für Arbeit aktiviert. Die Agentur für Arbeit übernimmt mit der Zahlung des ALG I die kompletten Krankenversicherungsbeiträge – auch während einer eventuellen Sperrzeit. Der Versicherungsschutz bleibt vollständig erhalten.

Für **freiwillig oder privat Versicherte** gelten besondere Regeln. Wer ALG I bezieht, wird in der Regel versicherungspflichtig und muss in die gesetzliche Kasse wechseln, kann sich unter bestimmten Voraussetzungen aber davon befreien lassen. Wer sich **rechtzeitig arbeitslos meldet**, muss sich um die Krankenversicherung keine Sorgen machen.

149. Welche Rolle spielt die Gewerkschaft?

Gewerkschaften sind bei betriebsbedingten Kündigungen **auf mehreren Ebenen aktiv:**

- **Individuelle Unterstützung für Mitglieder**, zum Beispiel:
  - kostenfreie Rechtsberatung und Einschätzung der Erfolgsaussichten;
  - Prozessvertretung durch erfahrene Fachjuristen oder Rechtssekretäre;
  - Übernahme der Verfahrenskosten bei Kündigungsschutzklagen;

  - schnelle und routinierte Klageeinreichung zur Fristwahrung.
- **Kollektive Interessenvertretung:**
  - Hinwirken auf Alternativen zur Kündigung (Kurzarbeit, Arbeitszeitreduzierung, Qualifizierung);
  - Verhandlung von Sanierungstarifverträgen mit Kündigungsschutzregelungen;
  - Unterstützung des Betriebsrats bei Interessenausgleichs- und Sozialplanverhandlungen.

Präventive Schutzfunktion:
- Überwachung der Einhaltung tariflicher und gesetzlicher Regelungen;
- Schulung von Betriebsräten zu Kündigungsschutzthemen;
- politische Einflussnahme für besseren Kündigungsschutz.

Die Gewerkschaft wirkt als **Schutzschild auf drei Ebenen – individuell** bei der konkreten Kündigung, **kollektiv** bei Verhandlungen und **präventiv** durch ihre bloße Präsenz im Betrieb.

150. Was sollte bei einer betriebsbedingten Kündigung im Arbeitszeugnis stehen?

Das **Arbeitszeugnis muss klarstellen, dass die Kündigung aus betrieblichen Gründen erfolgte**, also nicht wegen Leistungsmängeln oder Fehlverhalten. Ohne diesen Hinweis könnten künftige Arbeitgeber persönliche Gründe für die Trennung vermuten. **Formulierungsbeispiele für den Beendigungsgrund sind beispielsweise:**
- »Das Arbeitsverhältnis endet aus betriebsbedingten Gründen.«
- »Die Beendigung erfolgt im Zuge einer unternehmensweiten Restrukturierung.«
- »Aufgrund der Schließung der Abteilung endet das Arbeitsverhältnis.«

Darüber hinaus sollten Beschäftigte auf eine vollständige und zutreffende Tätigkeitsbeschreibung achten, die den tatsächlichen Verantwortungsbereich vollständig und strukturiert wiedergibt. Neben einer zutreffenden Leistungs- und Verhaltensbeurteilung ist auch die sog. Schlussformel bedeutsam. Ein wohlwollendes Zeugnis enthält regelmäßig ein Bedauern über das Ausscheiden, einen Dank für die geleistete Arbeit sowie gute Wünsche für die Zukunft, z. B.: »Wir bedauern das Ausscheiden von Frau/Herrn XY sehr und danken für die stets sehr gute Zusammenarbeit. Für den weiteren Berufs- und Lebensweg wünschen wir alles Gute und weiterhin viel Erfolg.«

> **Praxistipp:**
> Auf die Schlussformel besteht kein Rechtsanspruch. Daher ist es für Arbeitnehmer wichtig, frühzeitig – am besten schon bei der Verhandlung über eine Abfindung oder einen Aufhebungsvertrag – eine wohlwollende Formulierung zu vereinbaren.

Stichwortverzeichnis